Garten mit System

Ute Bauer

Der Garten für Ungeduldige

Ute Bauer

Der Garten für Ungeduldige

Garten mit System

Es ist nicht gestattet, Abbildungen dieses Buches zu scannen, in PCs oder auf CDs zu speichern oder in PCs/Computern zu verändern oder einzeln oder zusammen mit anderen Bildvorlagen zu manipulieren, es sei denn mit schriftlicher Genehmigung des Verlages.

Die Deutsche Bibliothek · CIP-Einheitsaufnahme

Der **Garten für Ungeduldige** :
Blütenmeer im Handumdrehen ;
Pflanzen, die schnell wachsen ;
Sichtschutz auf die Schnelle –
praxisnah für jeden Garten /
Ute Bauer.
[Ill.: Manfred Lindner]. ·
Augsburg : Naturbuch-Verl., 1998
    (Garten mit System)
    ISBN 3-89440-277-6

Naturbuch Verlag
© 1998 Weltbild Verlag GmbH, Augsburg
Alle Rechte vorbehalten

Konzeption Gisela Keil, Eurasburg

Illustration Manfred Lindner, Mainz

Layoutkonzeption
Parzhuber & Partner, München

Umschlaggestaltung
Parzhuber & Partner, München

Layout Wühr, München

Satz Gesetzt in der Adobe Garamond
von Wühr, München

Reproduktion
Kaltner Media GmbH, Bobingen

Druck und Bindung
Offizin Andersen Nexö, Leipzig

Gedruckt auf chlorfrei (elementar chlorfrei) gebleichtem Papier

Printed in Germany

ISBN 3-89440-277-6

Bildnachweis

Jarosch: S. 8/9 groß, S. 15 r.o., S. 15 r.u., S. 19 l.o., S. 19 l.u., S. 25 1.v.u., S. 26 1.v.o., S. 26 r.u., S. 27 l.o. S. 27 1.v.u.;
PhotoPress: S. 10 M.u., S. 14 l.o., S. 17 r.u., S. 18 r.u., S. 25 1.v.u., S. 25 2.v.o., S. 25 3.v.o., S. 27 2.v.u., S. 57 l.u., S. 57 3.v.o., S. 61 M.u., S. 62 r.o., S. 64 1.v.l., S. 65 3.v.r., S. 66 1.v.l., S. 93 2.v.o.;
Geduldig: S. 26 r.o., S. 27 2.v.o., S. 43 r.u., S. 54/55 o., S. 57 2.v.o., S. 57 l.o., S. 74 r.u., S. 75 l.o., S. 93 1.v.o.;
Garpa: S.12 groß; *Bauer:* S. 14/15 u., S. 25 2.v.u., S. 25 o., S. 37 2.v.u., S. 54 l.o.; *IPO:* S. 19 r.u.;
Funke: S. 15 r.M., S. 70 r.u.;
von Ehren: S. 24 r.o.;
Sulzberger: S. 27 l.u., S. 34 l.M., S. 36 l.o., S. 39 2.v.r., S. 38 1.v.l., S. 44 r.o., S. 55 r.o., S. 58 1.v.l., S. 58 2.v.l., S. 60 groß, S. 64 3.v.l., S. 65 1.v.r., S. 70/71 o., S. 71 r.o., S. 70/71 u., S. 72 3.v.l., S. 74 r.o., S. 75 l.u., S. 75 1.v.o., S. 75 2.v.o., S. 76/77 groß, S. 89 r.o., S. 91 l.u.;
Silvestris: S. 38 l.o., S. 57 l.o., S. 61 r.o.;
Pötschke: S. 45 o., S. 65 o.M.;
Seidl/Photopress: S. 57 3.v.o.
Alle anderen Fotos sind von Wolfgang Redeleit.

Innenklappen (von oben nach unten): Redeleit, PhotoPress, Jarosch, PhotoPress, Redeleit, PhotoPress, Redeleit, PhotoPress, Redeleit, PhotoPress, Geduldig, Redeleit, Redeleit, PhotoPress, Redeleit, Redeleit, Redeleit.

Inhalt

Einleitung		6

Gut geplant ist Zeit gewonnen 8

	Die Grobstruktur festlegen, Flächen vorbereiten	10
Thema 1	Gartenteile und ihre Gestaltung	12
	Wege und Treppen gliedern Räume	14
	Haus und Garten aus einem Guß	16
	Ein Thema – viele Lösungen: Beispiel Wasser im Garten	18
Thema 2	Hausbaum und Ziersträucher als Strukturelement	20
	Blühende Ziergehölze zu jeder Jahreszeit	22
	Schattenspender von Anfang an	24
	Spezialeffekte mit Laub, Blüten und besonderen Kronenformen	26

Sichtschutz auf die Schnelle 28

	Wieviel Durchblick darf sein?	30
Thema 1	Kletterpflanzen – platzsparend und blütenreich	32
	Kletterhilfen: Vielfältige Materialien und Formen	34
	Sommergardinen	36
	Allwetterkleid: grün, bunt oder schmackhaft?	38
Thema 2	Hecken – perfekter Sichtschutz	40
	Für jeden Zweck und Standort das Richtige	42
	Grüne Blätterwände	44
	Die freiwachsende Blütenhecke	46

Blütenmeer im Handumdrehen 48

	Farben und Formen prägen den Stil	50
Thema 1	Blitzstart mit einjährigen Sommerblumen	52
	Riesen und Zwerge geschickt kombiniert	54
	Mit Farben gestalten	56
	Blumenbeet für einen Sommer	58
Thema 2	Schneller Erfolg mit Zwiebel- und Knollenpflanzen	60
	Zwei Saisonhöhepunkte	62
	Die Frühlingsboten	64
	Prachtgestalten für Sommer und Herbst	66
Thema 3	Sprinter unter den Stauden	68
	Sonderfall Zweijährige	70
	Blüten für Sonne und Schatten	72
	Es grünt so grün	74

Aus der Trickkiste – Töpfe, Kübel und Tröge .. 76

	Jeder Kübelgarten ist so gut wie seine Pflege	78
Thema 1	Den Garten in Töpfe stecken	80
	Gefäße – dekorativ und zweckmäßig	82
	Die Jahreszeiten einfangen	84
	Die Sinne verwöhnen	86
Thema 2	Klassische Kübelpflanzen	88
	Schönheiten aus fünf Kontinenten	90
	Atmosphäre zaubern	92

Literatur und Adressen		94
Register		95

Einleitung

Endlich sind die Bauarbeiten abgeschlossen, das Haus steht. Jetzt soll es möglichst schnell im Garten grünen und blühen. Man steckt voller Tatendrang. Ärmel hoch und angepackt heißt die Devise, um möglichst schnell das Fleckchen Paradies entstehen zu lassen, das einem im Kopf vorschwebt. Selbst wenn man das Glück hat, einen bereits eingewachsenen Garten erstanden zu haben, entwickelt man in aller Regel doch Pläne zur Änderung. Hier soll ein Blumenbeet entstehen, dort eine Wand begrünt werden. Solche Ideen möchte man am liebsten sofort in die Tat umsetzen. Doch die Natur fordert gnadenlos Geduld. Ehe der Garten seine volle Pracht entfaltet, vergehen einige Jahre. Trotzdem gibt es genügend Kniffe und Kunstgriffe, um sich schon in den ersten Jahren an üppigem Wachstum zu erfreuen und das Erfolgserlebnis etwas zu beschleunigen.

Selbst in der ersten Sommersaison kann man bereits vor fremden Einblick geschützt sonnenbaden. Die ersten paradiesischen Effekte lassen sich schon nach wenigen Wochen genießen, denn beim Wachsen und Blühen sind manche Pflanzen eben einfach schneller als andere. Zaubermittel gibt es jedoch keine. Ohne abwarten, wachsen lassen, hegen und pflegen geht es im Garten natürlich nicht – und das ist auch gut so. Nicht zuletzt dieser Zwang zur Muße sorgt ja für die entspannende Wirkung, die die Beschäftigung mit dem Garten auf uns ausübt. Die Notwendigkeit, die Entwicklung der Dinge abzuwarten, schafft einen Ausgleich zur Hektik unserer schnellebigen Zeit. In diesem Sinne wird hier auch nicht der Ex-und-hopp-Garten propagiert. Der Garten soll sich nicht dem Zeitgeist beugen. Dieses Buch will lediglich Tips und Anregungen weitergeben, wie sich die Wartezeit attraktiv versüßen und verkürzen läßt. Niemand sollte also darauf verzichten, Buchs oder Eibe zu pflanzen, nur weil diese vergleichsweise langsam wachsen. Wer auf Pfingstrosen verzichtet, weil sie erst nach vielen Jahren in voller Pracht blühen, erweist sich einen Bärendienst. Solche Arten müssen Sie wohlüberlegt pflanzen und ihnen Zeit geben, sich in Ruhe zu entwickeln. In der Zwischenzeit gibt es eine Menge Möglichkeiten, einen kleinen Urwald mit schnellwüchsigen Pflanzen entstehen zu lassen oder mit einfachen Mitteln rasche Problemlösungen herbeizuführen.

Dieses Buch gibt zahlreiche Anregungen und Beispiele für den Schnellstart im Grünen. So läßt sich schon im Vorfeld, noch ehe man draußen Hand anlegen kann, durch gute Planung viel Zeit sparen. Welche Funktionen soll der Garten erfüllen? Welche großen

Gestaltungselemente, wie Teich oder Sitzecke, soll er erhalten? Diese Daten geben den Rahmen vor. Grobe Erdarbeiten sollten vor der Anlage von Beeten erfolgen. Sie lassen sich dann auch noch mit schweren Maschinen bewältigen, ohne Schaden anzurichten. Dies gilt auch für die Pflanzung von Großgehölzen. Ist das Gelände noch leicht zugänglich, lassen sich auch ältere Solitärgehölze mit relativ geringem Aufwand setzen (siehe Kap.I). Der Wunsch nach einem guten Sichtschutz steht bei frischgebackenen Gartenbesitzern meist oben an. Ein bißchen Rückzugsmöglichkeit und Privatsphäre, wenigstens für die Terrasse, schätzen nicht nur Reihenhausbewohner. Soll es die klassische Hecke sein oder lieber grüne Senkrechtstarter als Alternative? Kapitel II macht dazu grüne und bunte Vorschläge, bietet Übergangslösungen und Dauerstrategien an. Kapitel III widmet sich üppigen Beeten. Prädestiniert für schnelles Wachstum und reiche Blüte sind einjährige Sommerblumen. Von der Aussaat bis zum Absterben durchlaufen sie alle Stadien innerhalb einer Saison. Sie garantieren also die volle Entwicklung innerhalb weniger Monate, um dann von selbst wieder abzusterben. Dies öffnet Experimentierfreudigen Tür und Tor. Irrtümer können schnell korrigiert werden, ohne langes Auspflanzen oder Roden. In jeder Saison dürfen neue Gestaltungsideen ausprobiert werden. Dabei zählen zu den Einjährigen keineswegs nur Zwerge. Selbst die über zwei Meter große Sonnenblume gehört zu dieser Gruppe.

Auch Zwiebel- und Knollenpflanzen gelten als Schnellentwickler. Die Bildung des ersten Flors findet bei Sommerblühern innerhalb einer Saison statt. Bis in den Spätherbst lassen sich die bekannten Frühlingsboten stecken, die dann schon zwei, drei Monate später, oft noch zwischen den letzten Schneeflecken, die ersten Blüten des Jahres öffnen.

Selbst unter den Stauden gibt es Sprinter. Obwohl diese ausdauernden Kräuter in der Regel einige Jahre bis zur optimalen Entfaltung brauchen, gibt es Vertreter, die sich besonders in den ersten ein bis drei Jahren verausgaben. Wer seine Ungeduld gar nicht bremsen kann, findet schließlich in Kapitel IV eine Fülle von Ideen, die sofort umsetzbar sind. Mit Kübeln und Trögen kann man zu jeder Jahreszeit schöne Gartenbilder zaubern. Selbst der noch brachliegende Garten läßt sich so vorübergehend verschönern. Kübel wechseln mühelos den Standort, wenn der Platz für die Dauerbepflanzung reif ist. Probieren Sie es aus. Zügeln Sie Ihre Ungeduld nicht länger, sondern stürzen Sie sich ins Gartenleben! Es gibt immer irgendwas zu tun.

Die Modellierung des Geländes und grobe Gartenarbeiten sollten abgeschlossen sein, bevor man die ersten Pflanzen setzt.

Gut geplant ist Zeit gewonnen

Auch wenn es Ihnen schon unter den Nägeln brennt: Es lohnt sich, vor dem ersten Spatenstich einige Überlegungen anzustellen. Niemand muß deswegen auf das lang ersehnte Grün verzichten. Flächen, die auf die Pflanzung noch warten müssen, lassen sich übergangsweise mit mobilem Grün lebendig gestalten.

siehe auch Seiten 76/77

Vielleicht läßt sich die Zeit vor dem Umzug schon für die Gartenplanung nutzen. Legen Sie die Funktionen Ihres Gartens und einzelner Bereiche fest und suchen Sie den richtigen Platz für die großen Elemente, wie Teich, Spielplatz, Sitzecke oder Beet. Hausbaum und andere Großgehölze wirken als weitere Strukturgeber; Wege und Treppen verbinden die Gartenräume. ■

Die Grobstruktur festlegen, Flächen vorbereiten

Kein Garten ist je fertig. Er entwickelt sich im Laufe der Jahre stetig weiter. Korrekturen fallen immer wieder an. Im Bereich der

An dieser Stelle soll einmal ein Teich entstehen.

Pflanzen sorgen jedoch Schnellstarter für raschen Ersatz.

siehe auch Seiten 48/49

Müssen dagegen ganze Gartenteile wegen Fehlplanung umziehen oder umgestaltet werden, wirft dies das Gesamtbild um Jahre zurück. Die erste Überlegung lautet daher: Welche Funktionen soll der Garten erfüllen?

Gelände modellieren

Entsprechend dieser Planung erfolgt die Vorbereitung des Geländes. Ehe ein Pflänzchen gepflanzt wird, sollten Sie grobe Erdarbeiten wie Hügel aufschütten, Hänge terrassieren, Teich ausheben, Sitzplätze einebnen etc. ausführen lassen. Dies spart Zeit und Kosten, da jetzt noch schwere Maschinen eingesetzt werden können. Wurden erst einmal Beete angelegt oder Bäume gepflanzt,

Hügel, Senken und aufgeschüttete Terrassen rechtzeitig planen und ausführen lassen!

kommen diese zwangsläufig wieder zu Schaden. Zudem erschwert und verzögert deren Schonung spätere Änderungen erheblich.

Boden verbessern

Nach Abschluß der groben Flächenmodellierung wird Mutterboden oder andere humusreiche Erde ausgebracht. Nichts hilft Pflanzen schneller aus den Startlöchern, als eine gute Bodenvorbereitung. Die Zeit, die darauf verwendet wird, gleicht das raschere Pflanzenwachstum schnell wieder aus. Hier zahlt sich Geduld aus!

Kompost erhöht den Anteil organischen Materials und fördert die Pflanzenentwicklung. Lassen Sie eine Bodenprobe machen (Adressen entsprechender Institute finden Sie im Anhang). Sie gibt Auskunft über Nährstoffe und not-

Allgemeines

Tip — Natur Buch

Drängen Sie bei Baumaßnahmen darauf, daß die Muttererde der Baugrube gesondert abgetragen und gelagert sowie nicht mit tieferen Erdschichten vermengt wird. Sollte der Humusanteil zu gering sein, können Sie versuchen, bei kommunalen Groß-Kompostierern hochwertige Kompost-Erd-Mischungen, inklusive Anlieferung, zu günstigen Preisen zu beziehen.

wendige Düngemaßnahmen. Insbesondere nach Bauarbeiten ist der Boden häufig verdichtet. Um Pflanzenwurzeln gute Wachstumsbedingungen zu bieten, muß er tiefgründig gelockert werden. Dies kann maschinell erfolgen oder von Hand, etwa durch Umgraben. Weniger anstrengend und dennoch wirkungsvoll sind Gründüngerpflanzen, die noch weitere bodenverbessernde Eigenschaften mit sich bringen.

Gründüngung

Tiefwurzelnde Gründüngerpflanzen lockern den Boden bis zu einem Meter Tiefe auf. Sie bringen Luft in die Erde, verbessern den Wasserhaushalt und erhöhen den Humusanteil. Einige Arten wirken als natürlicher Dünger, da sie Stickstoff aus der Luft sammeln und im Boden binden. Dieser wichtige Nährstoff steht dann nachfolgenden Kulturen zur Verfügung. Man sät während der Wachstumsperiode, spätestens bis September, aus. Die fertigen Pflanzen werden abgemäht und oberflächlich eingearbeitet. Läßt man sie den Winter über stehen, bilden sie eine wertvolle Schutzschicht.

Stickstoffsammler

- Serradella
- Esparsette
- Lupine
- Winterwicke

Tiefwurzelnde Stickstoffsammler:

- Steinklee
- Luzerne
- Inkarnatklee,

Weitere Arten:

- Phacelia
- Buchweizen
- Gelbsenf (schnellwachsend, 3–5 Wochen Kulturdauer genügen)
- Winterraps
- Ölrettich

Phacelia heißt zu Deutsch »Bienenfreund«.

Die Lupine hat riesige Blüten und reichert Stickstoff im Boden an.

Inkarnatklee wurzelt bis zu 1 m tief.

Dieser Sitzplatz im Grünen lädt ein zum Verweilen und Entspannen.

Gartenteile und ihre Gestaltung

Mit der Wahl des richtigen Standorts haben Sie bereits den ersten Schritt zur gelungenen Gestaltung getan. Folgende praktische Überlegungen sind notwendig: Die Anlage eines Steingartens oder eines Gemüsebeetes erfordert einen sonnigen Standort. Auch der Swimmingpool braucht ein warmes Plätzchen. Ist das ganze Grundstück stark sonnenexponiert, wird man durch die Pflanzung von Großgehölzen versuchen, wenigstens etwas Schatten zu schaffen.

▎siehe auch Seiten 20/21

Unter praller Sonneneinstrahlung bereiten Sandkasten oder Komposthaufen natürlich wenig Freude. Der Teich sollte laubabwerfende Bäume oder Sträucher in Ufernähe meiden. Fallende Blätter entziehen dem Wasser durch den Umsetzungsprozeß sehr viel Sauerstoff und lassen es schnell faulen.

Die einzelnen Gartenteile geschickt miteinander zu verbinden, ist Aufgabe der weiteren Gestaltung. Folgt man dabei konsequent einer Stilrichtung, z.B. ländlich-bäuerlich, formal-geometrisch, fernöstlich etc., erhalten die Räume automatisch einen inneren Zusammenhalt. Pflanzenauswahl, Form und Anordnung der Beete, verwendete Materialien für Wege, Zäune oder Mauern stehen als Gestaltungsmittel zur Verfügung. Der Stil des Gartens muß auch mit dem Haus harmonieren. Dessen

Der Teich im Garten ist immer ein geeigneter Platz zum Entspannen und Ruhe tanken.

Architektur und Bauweise gibt erste Richtlinien vor, z.B. wenn Sie die Materialien im Garten wieder

Für junge Familien ist die Spielecke einer der wichtigsten Gartenräume. Sie sollte nicht in der prallen Sonne liegen.

aufgreifen. Wurde das Haus beispielsweise aus Klinker gemauert, kann dieser Stein als Treppe oder Mäuerchen im Garten wieder auftauchen. Zur Holzfassade paßt ein Terrassenbelag aus dem gleichen Material, dazu Rundhölzer als Beeteinfassung oder zum Hangabstützen. Der Möglichkeiten gibt es viele – lassen Sie Ihrer Kreativität freien Lauf. ■

Wege und Treppen gliedern Räume

Pflastersteine

Hier wurden Pflastersteine gewagt miteinander kombiniert. Größe, Farbe und Form wechseln kleinräumig ab. Dies kann unruhig wirken, hier harmoniert es jedoch gut mit der lebhaften Bepflanzung. Es entstehen viele kleine Nischen, die die Aufmerksamkeit fesseln.

Wegführung

Geschwungene Wege lassen Flächen größer erscheinen. Die akkuraten, klar definierten Linien, das einfache Verlegemuster der Steine, ihre glatte, feinstrukturierte Oberfläche und der sparsame Umgang mit Farbe verleihen diesem Garten einen dezenten, vornehmen Anstrich.

Naturstein

Dieser Weg aus unregelmäßig verlegten Natursteinplatten mit strukturierter Oberfläche wird fast zugewuchert. Das natürliche Material stellt einen geschickten Übergang her zwischen dem üppigen Garten und der freien Landschaft.

Holz und Stein

Abgestufte Holzdecks, kombiniert mit Steinen, geben diesem Eingangsbereich eine japanische Grundstimmung, was durch Bambus, Gräser und Rhododendren unterstrichen wird.

Wege und Treppen erfüllen mehrere Funktionen gleichzeitig. Vordergründig sollen sie es ermöglichen, auch bei schlechtem Wetter, trockenen und sauberen Fußes den Garten begehen zu können. Gleichzeitig verbinden und trennen sie auch unterschiedliche Gartenräume. Dadurch helfen sie Ihnen, gestalterische Aufgaben zu lösen und verschiedenste optische Wirkungen zu erzielen. ■

Info

Waschbeton
Einzeln verlegte Waschbetonplatten trennen die Gartenteile nicht. Indem sie die Einheit der Rasenfläche erhalten, verhindern sie ein optisches Auseinanderfallen.

Holzbrett
Zweckmäßig und stimmungsvoll: Im Gemüsebeet sollen die Wege schmal sein, der Boden darf sich nicht verdichten. Ein Holzbrett ist hier eine einfache und ideale Lösung.

Eisenbahnschwellen
Der Zahn der Zeit hat an diesen Stufen aus leicht verwitterten Eisenbahnschwellen schon seine Spuren hinterlassen. Überwuchert von Lavendel und Rosen lassen sie ein etwas romantisches Flair entstehen.

Hangtreppe
Bloß nicht auffallen! Dies war wohl der Leitgedanke bei der Anlage dieser Treppe. Das Gesamtbild des Hanges wird nicht gestört.

Rindenmulch
Lebendig und rustikal wirken Beläge aus Rindenmulch. Sie passen hervorragend in ländliche oder naturnahe Gärten. Die Einfassung aus Holzlatten korrespondiert mit dem hölzernen Zaun. Die Pflanzenauswahl ergänzt das stimmige Bild.

Haus und Garten aus einem Guß

In den Garten lassen sich die unterschiedlichsten Stimmungen hineinzaubern. Je nach Pflanzenauswahl, Plazierung und Kombination, je nachdem, welche Materialien und Accessoires Verwendung finden, können romantische oder schlichte, vornehme oder rustikale, üppige oder dezente Bilder entstehen. Das überzeugendste Gesamtbild ergibt sich aber, wenn sich Haus und Garten in ihrer Wirkung unterstreichen, in Stil und Ausstrahlung ein harmonisches Ganzes bilden. So wird ein stilechter Bauerngarten vor einem spitzgiebeligen Landhäuschen besser zur Geltung kommen als vor einem Flachdach-Bungalow. Lassen Sie sich von der Architektur inspirieren, aber nicht einengen. Es gibt immer viele Möglichkeiten, das vorhandene Haus mit einem passenden Garten zu umgeben. ■

Hier beherrschen Schlichtheit, klare Linien und geometrische Formen das Bild. Gartenpforte und Haustüre korrespondieren in der Linienführung. Die steinernen Kugeln finden ihr Pendant in den kugeligen Buchsbäumchen, Grün ist die dominierende Farbe. Dafür sorgen die große Rasenfläche, die hohen, kegelförmigen Lebensbäume und der üppige Bambus. Auf knallige Blüten wurde verzichtet. Dies verleiht dem Ganzen eine vornehme Eleganz. Sogar die Zierrabatte am Haus lebt von Blattschmuckstauden (Funkien) und Gräsern. Allein die Magnolie sorgt im Frühjahr kurzfristig für Blumenpracht, die durch ihre Solitärstellung dann besonders hervorgehoben wird.
Den Rest des Jahres wirkt sie durch ihren etwas bizarren Wuchs. Sie bringt, zusammen mit dem steinernen Findling und dem Bambus, einen Hauch fernöstlichen Flairs.

Beispiel

Der Garten macht dieses Haus erst zur »Villa Kunterbunt«. Hier herrscht ländliche Üppigkeit. Apfelbaum, Johannisbeeren und Gemüse finden hier ebenso Platz wie verschwenderische Blütenpracht. Sonnenblumen und Borretsch, Ringelblumen und Katzenminze sorgen mit ihren Komplementärfarben Gelb und Blau für größtmöglichen Kontrast und knallige Farbeffekte. Heckenrose und Stockrose, als typische Bauerngartenpflanzen unterstreichen den ländlichen Charakter, der hier schon durch das Haus mit seinen geteilten Fenstern und hölzernen Läden vorgegeben ist. Hier paßt der klassische Jägerzaun gut zum rustikalen Charme des Gesamtbildes.

Haus, Wintergarten und gepflasterte Freifläche verschmelzen hier zu einem harmonischen Ganzen. Die Pflanzen sorgen für den richtigen Rahmen.

Zum Reet-gedeckten Haus passen die Gräser im Garten. Sie erinnern an die typischen Dünenlandschaften.

Ein Thema – viele Lösungen: Beispiel Wasser im Garten

Die vorherigen Seiten belegen: Die geplanten Gartenräume und ihre Funktionen, die Architektur des Hauses sowie die Standortbedingungen geben die Eckdaten für die Planung vor. Wo bleibt da noch Raum für Gestaltung? So mag mancher fragen, der sich von so viel Vorgaben überrollt fühlt. Trotzdem bleiben stets eine Reihe von Möglichkeiten, ein Thema im Garten auf unterschiedliche Weise umzusetzen. Dies sei hier am Beispiel »Wasser im Garten« belegt. Der selbe Grundsatz gilt auch für andere Gartenräume. So kann das Gemüsebeet streng funktional in Reihen angelegt werden oder in kunterbuntem Wechsel mit Blumen und Kräutern. Die Terrasse kann ein zugewucherter, abgeschirmter Ort zum Zurückziehen sein, aber auch einen offenen Raum bilden, der zum Feiern mit vielen Freunden Platz gibt. Die Hecke kann sehr formal und

Natur pur bietet dieser Teich. Selbst Blütenpflanzen wurden sparsam verwendet. Grün dominiert diesen Ort der Stille. Eine große Terrasse würde hier stören. Menschen finden im Ufergrün ein Plätzchen zum Zur-Ruhe-kommen.

In diesen Teich darf der Besitzer getrost auch mal selbst eintauchen, um ein erfrischendes Bad zu nehmen. Der Steg schützt die Ufervegetation vor dem Begehen.

Dieser Quellstein mit Pumpe hält das Wasser in Bewegung. Fließendes Wasser hat seine eigenen Reize. Sein Plätschern beruhigt und erfrischt. Als Begleitpflanzen eignen sich andere Arten als für stehende Gewässer. Hier sorgen kräftige Blüten- und Laubfarben für ein auffälliges Gesamtbild.

Beispiel

Ein Platz zum Wohnen ist dieses Fleckchen am Teich. Hier spielt sich im Sommer das Leben ab. Alles was einem lieb ist, wird hierhin mitgenommen: die Lieblings-Kübelpflanzen, bequeme Stühle und Tisch, Kaffee, ein gutes Buch...

Tip Natur Buch

Sollen Fische im Teich überwintern, muß er an einer Stelle mindestens 1 m Tiefe erreichen.

platzsparend ausfallen. Sie erfüllt ihre Funktion aber auch als Gebüsch aus heimischen Gehölzen.

siehe auch Seiten 42/43

Wenn Sie eine Vorliebe für Blütenpracht haben, können Sie diese in dezenten Ton-in-Ton-Pflanzungen umsetzen. Mit graulaubigen Stauden oder Gehölzen kombiniert, erzeugt man romantische, träumerische Stimmungen. Kontrastreiche Mischungen dagegen bringen eine lebenslustige, rustikale Note. Es macht auch einen Unterschied, ob ein Garten von Zuchtformen mit besonders großen, gefüllten Formen dominiert wird, oder ob einfache, alt bewährte Sorten die Hauptrolle spielen. ■

In diesem eher formalen Garten bietet der Brunnen dem Auge eine willkommene Abwechslung.

Selbst im kleinsten Garten findet dieses Stilleben noch Platz. Umgeben von Steinen, einem kleinen Farn und Bambus bietet es alle Attribute, die man mit einem Wassergarten verbindet.

Heutzutage leider selten geworden: der Hausbaum. Seine Äste spenden im Sommer ein schattiges Plätzchen – ideal für Erholungssuchende.

Hausbaum und Ziersträucher als Strukturelemente

Bäume und große Sträucher sind die langlebigsten Gesellschafter in unseren Gärten. Sie leben Jahrzehnte an dem Standort, den wir ihnen zuweisen. Durch ihre Größe wirken sie außerdem als vertikale Strukturelemente. Gehölze gliedern Räume. Sie können einfassen, zusammenhalten oder auch Grenzen ziehen, Funktionen, die auch die klassische Hecke erfüllt.

siehe auch Seiten 40/41

Daneben fungieren sie aber als wichtige optische Gestaltungsmittel. Gehölze schaffen Perspektiven, verbauen hier unerwünschte Einblicke und erlauben dort einen interessanten Durchblick. Sie unterbrechen langweilige Geraden, können aber auch als Fluchtpunkt dienen, je nach angestrebter Wirkung. Eine Gruppe von Ziergehölzen, in Laubfarbe und Größe harmonisch aufeinander abgestimmt, zieht die Blicke ebenso auf sich wie ein freistehender, blühender Strauch oder ein bizarr geformtes Bäumchen. Der Hausbaum gliedert den Garten auch funktional, denn die Fläche unter seinen schattenspendenden Ästen ist im Sommer der Lieblingsplatz der ganzen Familie. Früher gehörte er ganz selbstverständlich dazu. Schade, daß er heute so selten geworden ist. Liegt es an den kleineren Gärten? Es gibt auch kleinbleibende Hausbäume. Oder liegt es an der Ungeduld der Gärtner? Einen heute gepflanzten Jungbaum kann

Die Kerrie bringt zahllose gelbe Blüten.

erst die nächste Generation richtig nutzen. Das muß jedoch nicht so sein. Spezialfirmen ermöglichen es, alte, große Solitärbäume, die entsprechend vorbereitet wur-

Japanische Zierkirschen gibt es in vielen Formen und Sorten. Alle sind wahre Blütenwunder.

den, zu pflanzen. Spezielle Transportmaschinen und Kräne bewerkstelligen ihren Umzug. Natürlich hat das seinen Preis. Aber was sind schon, gemessen an einer halben Million Mark Baukosten, 3000 bis 10 000 Mark für einen Baum, der von Anfang an Lebensqualität in den Garten bringt? ■

Blühende Ziergehölze zu jeder Jahreszeit

Seidelbast

Schon ab Februar öffnet der Seidelbast, noch vor dem Laubaustrieb, seine bezaubernden Blüten. Mehr als 20 m weit kann man den betörenden Duft wahrnehmen. Der Strauch bleibt, mit 0,5 bis 1,20 m Höhe, sehr klein. Er bevorzugt halbschattige bis schattige Lagen. Vorsicht, die Pflanze ist stark giftig!

Winterjasmin

Koloriert die kahle Jahreszeit. Gelbe Blüten zeigen sich von Dezember bis März. Sie sitzen an grasgrünen, dünnen Zweigen. Soll der Strauch höher werden (bis zu 3 m), empfiehlt sich eine Kletterhilfe. Der Standort darf sonnig oder halbschattig sein.

Flieder

Das Frühlingssymbol schlechthin! Im Mai sorgen riesige, stark duftende Blütenrispen für große Beliebtheit. Die Farbpalette reicht von weiß über zahlreiche Rosa- und Violettöne bis zum kräftigen Dunkellila. Er kann baum- oder strauchförmig gezogen werden, erreicht 4 bis 6 m Höhe und braucht viel Sonne.

Schmetterlingsstrauch

Der Blütenduft des attraktiven, rund 3 m großen Sommerblühers zieht Schmetterlinge scharenweise an. Von Juli bis in den Oktober hinein locken die bis zu 30 cm langen Rispen, je nach Sorte, in Weiß, Rosa oder Violett.

Neben den genannten Qualitäten als Strukturgeber, überzeugen Gehölze auch durch ihren Zierwert. Nicht nur Blumen haben bunte, duftige Blüten. Gerade in den Zeiten, in denen sich die empfindlicheren Kräuter noch kaum aus der Erde wagen, sorgen Bäume und Sträucher bereits für Farbe im Garten. Es vergeht kein Monat im Jahr, der nicht ein Gehölz zum Blühen brächte. ∎

Info

Zaubernuß

Hier tröstet die Sorte Hamamelis x intermedia 'Diane' über den Winter. Je nach Art und Sorte blühen die etwa 3 m hoch werdenden Sträucher von Dezember bis März gelb oder orange. Die Blüten ziehen sich bei schlechter Witterung zurück, um sich bei heiterem Wetter erneut zu öffnen. Im Herbst zieht das goldgelbe bis scharlachrote Laub die Aufmerksamkeit auf sich. Zaubernüsse wachsen in der Jugend sehr langsam.

Purpurmagnolie

Zieht garantiert alle Blicke auf sich, wenn sie im Mai/Juni ihre 10 cm hohen Blütenglocken entfaltet. Sie sollte deshalb auch einzeln stehen, am besten in warmer, windgeschützter Lage. Sie wird 3 bis 4 m hoch.

Sternmagnolie

Treibt im März/April, noch vor Erscheinen der Blätter, zahlreiche, duftende, sternförmige Blüten. Der langsamwüchsige, kleinbleibende Strauch eignet sich besonders für kleine Gärten.

Fingerstrauch

Ein Dauerblüher, der sich von Mai bis Oktober verausgabt. Kleine, aber äußerst zahlreiche, meist gelbe Blüten, zieren über diesen langen Zeitraum den kleinen, maximal 1,50 m hohen Strauch.

Gartenhortensie

Der 1 bis 3 m hohe Strauch möbelt schattige Gartenpartien auf. Ob er blau oder rosa blüht, hängt vor allem vom pH-Wert des Bodens ab. Reagiert er sauer, dominiert blau. Reagiert er alkalisch überwiegt rosa. In jedem Fall ringen die 15 bis 20 cm großen, ballförmigen Blüten von Juni bis September Bewunderung ab.

Schattenspender von Anfang an

Gehölze trotzen dem Gärtner unerbittlich Geduld ab. Deshalb hadern Eilige wohl am meisten mit den Bäumen und Sträuchern in ihrem jungen Garten. Diese legen eben Jahr für Jahr nur wenige Zentimeter zu, und es vergehen Jahre bis aus einem Setzling ein stattlicher Riese wird. Dafür überdauert er dann einige Menschenleben. Von der Ungeduld sollte man sich aber nicht abhalten lassen, trotzdem Gehölze zu pflanzen. Neben ihrem gestalterischen Wert erfüllen sie einige klimaverbessernde Funktionen. Jeder Baum macht die Umwelt lebenswerter. Gehölze sind selbst im Winter präsent und spiegeln somit, wie keine andere Pflanzengruppe, die Jahreszeiten wider. Vor allem aber im Sommer leistet die schattenspendende Krone unersetzliche Dienste. Es gibt zwei Möglichkeiten, den Weg zum stattlichen Exemplar zu verkürzen: Sie können sich für eine schnellwüchsige Baumart entscheiden. Diese entwickeln sich jedoch oft zu Hünen. Daher sollten sie nur dort gepflanzt werden, wo genügend Platz für den ausgewachsenen Baum vorhanden ist. Effektiver hingegen ist es, wenn Sie sich speziell vorgezogene, mehrere Jahre alte Bäume kaufen und sie pflanzen lassen. So können Sie alle Vorzüge eines älteren Hausbaumes von Anfang an genießen. Schnellwüchsige Gehölze wachsen häufig nur in der Jugend besonders stark. Später läßt die

Der kürzeste Weg zum Hausbaum! Die Großbaumverpflanzung ist für ungeduldige Gärtner die ideale Lösung. Dabei muß es nicht immer gleich so riesig sein. Baumschulen bieten Gehölze in unterschiedlichen Größen und Preisklassen an (Adressen siehe Anhang). Zwischen Setzling und Riese gibt es viele Zwischenstufen.

Preisbeispiele aus Baumschulkatalogen

Roßkastanie:
Solitärbaum, 4 mal verpflanzt, Höhe 4–5 m, Kronenbreite 1,5–2 m, Stammdurchmesser ca. 10 cm, Preis: 2000–3000 DM
Solitärbaum, 5 mal verpflanzt, Höhe 5–7 m, Kronenbreite 2–3 m, Stammdurchmesser ca. 14 cm, Preis: 5000–6000 DM
Solitärbaum, 6 mal verpflanzt, Höhe 7–9 m, Kronenbreite 4–6 m, Stammdurchmesser ca. 18–20 cm, Preis: 12 000 bis 16 000 DM

Eberesche:
Solitärbaum, 4 mal verpflanzt, Höhe 4–5 m, Kronenbreite 1–1,5 m, Stammdurchmesser 7–8 cm, Preis: 1400–1900 DM
Solitärbaum, 5 mal verpflanzt, Höhe 5–7 m, Kronenbreite 1,5–2 m, Stammdurchmesser 12–14 cm, Preis: 5000–6000 DM
Solitärbaum, 6 mal verpflanzt, Höhe 7–9 m, Kronenbreite 2–3 m, Stammdurchmesser 15–17 cm, Preis: 8000–10 000 DM

Robinien (siehe Abb.) erreichen Höhen von 15 bis 20 m. Sie schmücken sich mit attraktiven Blüten. Schnellwüchsig und dennoch kleinbleibend ist der Eschenahorn. Er erreicht eine Endgröße von 10 bis 15 m. Das panaschierte Laub einiger Sorten macht ihn zudem zu einem sehr dekorativen Ziergehölz. Auch die Eberesche darf man, mit bis zu 80 cm langen Jahrestrieben und einer Höhe von 6 bis 10 m, zu dieser Kategorie zählen.

Triebleistung oft nach. Rekorde werden auch diese Sprinter natürlich nur dort aufstellen, wo Standortbedingungen sowie Wasser- und Nährstoffversorgung optimal sind. Leider werden Schnellwüchsige meistens auch sehr groß. Eine Robinie etwa erreicht 15 bis 20 m Höhe, sie bevorzugt eher trockene Böden in sonniger Lage. Man sollte solche Hünen nur dort pflanzen, wo Platz für ihre Endgröße vorhanden ist. Nie dem Irrglauben verfallen, man könnte solche Arten durch entsprechenden Schnitt im Zaum halten! Dies führt nur zu immer stärkerer Triebleistung und einem völlig entstellten Habitus. ∎

Schnellwüchsige Baumarten
(Jahrestriebleistung über 1 m):
Götterbaum: Schmückt sich mit riesigen, gefiederten Blättern und wird 25 m hoch. Liebt Sandböden in sonniger Lage.
Silberahorn: Das Laub ist unterseits silbrig-grau. 15–20 m hoch.
Gleditschie: Im Herbst mit auffälligen Hülsenfrüchten. 15–25 m hoch. Standort: sonnig.
Spitzahorn und Bergahorn: Beide können 20–30 m hoch und ebenso breit werden. Sonnige bis halbschattige Standorte.
Esche: Wird 20–30 m hoch, braucht feuchte, nährstoffreiche Böden. Sonnig-halbschattig.
Pappeln: Gibt es in vielen Arten. Fast alle sind schnellwüchsig und werden sehr groß. Das Holz ist bruchempfindlich. Feuchte Böden, sonnig bis halbschattig.
Weiden: Alle Arten, von der riesigen Trauerweide über die bizarre Korkenzieherweide bis zur 3 m kleinen Reifweide, sind raschwüchsig. Ihr Holz ist jedoch extrem bruchanfällig. Standort: feuchte Böden in sonniger Lage.

Beispiel

Wer unter obigen Arten nicht fündig wird, aber nur wenig Platz zur Verfügung hat, sollte unter normalwüchsigen Kleinbäumen wählen und gegebenenfalls vorgezogene Exemplare pflanzen. Hier eine Auswahl:

Apfelbäume gibt es je nach Veredelungsunterlage in verschiedenen Größen. Standort: nährstoffreicher Boden.
 4–10 m

Einen farbenprächtigen Herbst garantiert das spektakuläre Laub des Feuerahorns.
 5–8 m

Der Essigbaum entfaltet eine zauberhafte, schirmförmige Krone.
4–8 m

Blumenhartriegel entfalten im Mai/Juni ihre atemberaubende Blütenpracht. Standort: geschützte Lagen.
4–8 m

Die rotblühende Roßkastanie bleibt deutlich kleiner als ihre weißblühende große Schwester.
 10–15 m

Spezialeffekte mit Laub, Blüten und besonderen Kronenformen

Gehölze prägen allein durch ihre Größe das optische Erscheinungsbild eines Gartens. Die Kronenform kann also bewußt als Stilmittel eingesetzt werden. Ausgefallene Umrisse sorgen für Spezialeffekte, die das Thema eines Gartens wirkungsvoll unterstreichen.

▎**siehe auch Seiten 16/17**

Aber nicht nur die Form allein dient als Gestaltungsmittel. So überzeugen viele Arten vor allem durch ihre Blütenpracht, während andere durch ihr buntes Herbstlaub oder den Fruchtschmuck bezaubern.

▎**siehe auch Seiten 22/23 und 46/47**

Hier entscheidet der persönliche Geschmack des Gärtners, welches Kriterium wichtiger ist. Es gibt jedoch auch einige Gehölze, die zu jeder Jahreszeit etwas bieten. ▪

Der Perückenstrauch spielt zu jeder Saison den Hauptdarsteller im Garten – im Frühjahr durch seinen lebhaft grünen Austrieb, im Sommer entwickeln sich aus den Blütenrispen fedrige, wattige Fruchtstände. Im Herbst zünden die Blätter ein oranges bis scharlachrotes Feuerwerk. Er wird 3 bis 5 m hoch und bevorzugt warme, sonnige Lagen.

Vier-Jahreszeiten-Gehölze
Rostbart-Ahorn (Knospen rot, Austrieb bronzefarben, Herbstfärbung orange, gestreifte Rinde); Weißbirke (grün-gelbe Kätzchen, Austrieb hellgrün, gelbe Herbstfarbe, weiße Rinde); Kupferbirke (grün-gelbe Kätzchen, gelb-grüne Blätter, goldene Herbstfarbe, Rinde glänzend kupferrot abrollend); Katsurabaum (Blüten und Austrieb rötlich, fast kreisrunde Blätter, gelb-rote Herbstfarbe); Parrotie (gelb-rote Blüten, Austrieb rötlich, orange Herbstfarbe, Rinde gefleckt).

Die zierliche Hängende Kätzchenweide (Salix caprea 'Pendula') bleibt etwa 1 m klein und schmückt sich mit silbrigen Kätzchen.

Hängeformen:
Hängeblutbuche (Fagus sylvatica 'Purpurea Pendula'), Hängeesche (Fraxinus excelsior 'Pendula'), Hänge-Hemlockstanne (Tsuga canadensis 'Pendula').

Kugelförmige Kronen:

Kugelahorn (Acer platanoides 'Globosum'), Kugelesche (Fraxinus excelsior 'Nana'), Kugelakazie (Robinia pseudoacacia 'Umbraculifera'), Kugeltrompetenbaum (Catalpa bignonioides 'Nana').

Ein Ereignis ganz besonderer Art ist der Auftritt der Hängenden Blauzeder. Wie eine sagenhafte Gestalt aus dem Märchen breitet sie ihre Arme aus und läßt ihre Schleppen aus silbrig-blau bereiften Nadeln zu Boden fließen. Wie alle Hängeformen fügt sie sich, mit ihren sanften, malerischen Konturen, gut in romantische Gärten ein. Sie wird etwa 5 bis 8 m hoch und mindestens ebenso breit.

Vier-Jahreszeiten-Gehölze

Die spitz gelappten Blätter machen den Fächerahorn zur auffälligen Erscheinung. Sie verfärben sich im Herbst karminrot.
3–5 m

Weißer Hartriegel 'Àrgenteomarginata': Aus den weißen Blüten werden weiße Beeren; gelb-rotes Herbstlaub.
3 m

Säulenförmige:

Säulen-Rotahorn (Acer rubrum 'Armstrong'), Säulenespe (Populus tremula 'Erecta'), Säuleneberesche (Sorbus aucuparia 'Fastigiata'), Blaue Säulenzypresse (Chamaecyparis lawsoniana 'Columnaris'), Raketenwacholder (Juniperus virginiana 'Skyrocket'), Säuleneibe (Taxus baccata 'Fastigiata Robusta'), Säulenlebensbaum (Thuja occidentalis 'Columna').

Die Kupfer-Felsenbirne mit rötlichem Austrieb und weißen Blüten, aus denen die blauen Früchte über orange-rotem Herbstlaub wachsen.
6 m

Einige Sorten der Japanischen Blütenkirsche bieten rund ums Jahr einen attraktiven Anblick.
3–7 m

Dieses Prachtexemplar der Säulenkirsche (Prunus serrulata 'Amanogawa') wirkt garantiert als Blickfang. Säulenförmige Kronen bieten den Vorteil, daß sie wenig Platz beanspruchen. Sie passen gut in kleine Gärten. Gehölzgruppen verleihen sie durch ihre kontrastierende Silhouette eine gewisse Spannung. Mit säulenförmigen Nadelhölzen, deren Umriß an die Zypressen Norditaliens erinnert, kann man etwas Toskanastimmung zaubern.

Das Geißblatt, auch »Je-länger-je-lieber« genannt, verziert diese hölzerne Sichtschutzwand und hüllt sie in ihren Duft.

Sichtschutz auf die Schnelle

Nachdem der Umzug geschafft und das Gelände grob modelliert ist, möchte man ein paar Mußestunden im Freien genießen. Dazu wünscht man sich als erstes Sichtschutz in dem sonst noch kahlen Garten. Wenigstens die Terrasse soll Schutz vor fremdem Einblick gewähren. Das Sonnenbad oder die Mahlzeiten genießt mancher lieber unbeobachtet. Darüberhinaus vermitteln Sichtschutzwände, seien es natürlich gewachsene oder künstliche, auch einen Hauch von Geborgenheit und Gemütlichkeit. Daher sind sie nicht nur dem Reihenhausgärtner ein Anliegen, auch in großzügigeren Anlagen dürfen sie nicht fehlen. Ob Sie sich für eine Sofortlösung entscheiden oder für die klassische Hecke, und deren Entwicklung etwas auf die Sprünge helfen, liegt allein an Ihnen. ■

Wieviel Durchblick darf sein?

Sofortlösungen aus vorgefertigten Elementen

Für ganz Eilige stellt das Anbringen einer fertigen Sichtschutzwand die Sofortlösung des Problems dar. Der Fachhandel bietet

Kletterwände verschiedener Blickdichte gibt es vorgefertigt zu kaufen.

verschiedenste Ausführungen an. Vom einfachen Kunststoff-Rohrmattenelement bis zum soliden, blickdichten Holzlamellenzaun reicht die Palette. Natürlich kann man auch gleich beim Bau des Hauses eine Seite der Terrasse aufmauern oder an anderer Stelle im Garten einen Sichtschutz aus Stein errichten (lassen). In solchen Fällen unbedingt darauf achten, daß die verwendeten Materialien mit der Fassade des Hauses harmonieren!

siehe auch Seiten 12/13

Blickdichte, glatte Trennwände wirken wesentlich lockerer und gefälliger, wenn man sie mit Kletterpflanzen verschönt.

Pflanzenvorhänge

Wo es nicht um die totale Sichtsperre geht, lohnt es sich von

Ein dichter Vorhang aus Clematis-Blüten läßt den Zaun fast ganz unter sich verschwinden.

vorne herein, auf etwas luftigere Varianten auszuweichen. Durchbrochene Kletterwände, Rankgitter, Pergolen oder normale Gartenzäune – vom Jägerzaun bis zum Maschendrahtgeflecht – gestatten noch etwas Durchblick. Alle Pflanzen, die ranken, schlingen oder klettern, erobern diese Kletterhilfen schnell und machen nicht viel Mühe.

Je nach Pflanzenart bilden sie – rascher oder zögernder – lebendige Vorhänge, die meist ausreichenden Blickschutz gewähren und den Garten nicht rigoros abriegeln.

Grüne Wände

Wer ganz auf künstliche Stützen oder Kletterhilfen verzichten will, wer ganz auf Grün setzt, aber dennoch einen guten Sichtschutz erzielen will, der sollte eine Hecke in Erwägung ziehen. Für klassische Heckenpflanzen muß man allerdings entweder mehr

Natur Buch Tip

Natürlich bieten auch große Sonnenschirme und aufklappbare Paravents einen schnellen und beweglichen Sichtschutz. Ihr Nachteil: sie eignen sich nicht für windige Tage. Deshalb kann man sie nicht immer im Garten oder auf der Terrasse stehen lassen.

Geduld oder mehr Geld aufbringen. Es gibt jedoch auch einige raschwüchsigere Alternativen.

▌siehe auch Seiten 40 bis 46

Die Auswahl der geeigneten Arten muß natürlich auf die Standortbedingungen und das Platzangebot abgestimmt sein, wenn die Hecke ihren Zweck auch erfüllen soll. ■

Die klassische Schnitthecke, hier aus Hainbuche, bildet undurchsichtige grüne Wände.

Hecken pflanzen und pflegen

Einkauf: Auf Qualität achten! Die Pflanzen müssen von der Basis an gut verzweigt sein und einen, der Art entsprechenden, Mitteltrieb aufweisen.

Pflanzung: Pflanzen so in den Boden setzen, wie sie zuvor in der Baumschule standen – nicht höher und nicht tiefer. Man erkennt dies an der unterschiedlichen Färbung des Wurzelhalses. Das Pflanzloch muß um den eingesetzten Ballen herum noch etwa einen halben Ballendurchmesser Platz bieten, der mit lockerer Erde aufgefüllt wird.

Formschnitt: Formhecken müssen je nach Pflanzenart ein- bis zweimal im Jahr gestutzt werden. Wie weit zurückgeschnitten wird, orientiert sich an den letztjährigen Trieben. Diese werden knapp oberhalb ihrer Basis gekappt, um eine dichte Verzweigung anzuregen. Sommergrüne erhalten den Hauptschnitt entweder im laublosen Zustand im Spätwinter oder im Juni nach dem Austrieb. Bei starkwüchsigen Arten erfolgt ein zweiter Schnitt im August. Immergrüne rasiert man einmal im Spätsommer. Die Hecke stets in Trapezform halten, d. h. unten breiter als oben. Das beugt dem Verkahlen der unteren Bereiche vor.

Wieviel Charme hätte dieser Metallzaun ohne die zarten, rosa Blüten der Clematis?

Kletterpflanzen – platzsparend und blütenreich

Lebendigen Sichtschutz in Rekordzeit verwirklichen einjährige Kletterpflanzen. Im Frühjahr ausgesät, erklimmen sie nach wenigen Wochen die Gipfel ihrer Rankhilfen. Weitere Vorzüge: Wie alle Senkrechtstarter nehmen sie nur wenig Platz ein und eignen sich daher besonders für kleine Gärten. Üppige Blüten über einen langen Zeitraum und geringer Pflegeaufwand setzen die Positivliste fort. Im Herbst – ist es nun Vor- oder Nachteil? – sterben sie ab und machen wie alle einjährigen Blumen ihren Platz frei.

siehe auch Seiten 52 bis 59

Das bedeutet aber, daß der Sichtschutz im Winter entfällt. Vermißt man ihn zu dieser Jahreszeit? Vielleicht freut man sich in der dunklen Saison eher, daß mehr Licht in den Garten dringt. Im neuen Jahr muß der Gärtner dann von vorne anfangen. Dies eröffnet aber eine Fülle von Möglichkeiten zum Experimentieren. Kreieren Sie jedes Jahr einen anderen Blütenvorhang!

Wer eine dauerhafte Lösung vorzieht, hält sich an kletternde Gehölze. Einmal gepflanzt, verharren sie Jahrzehnte an ihrem Standort. Dabei beanspruchen sie auch nicht mehr Fußraum. Ihr Nachteil: Sie starten deutlich langsamer als die Einjährigen. Bis zur vollen Prachtentfaltung dauert es einige Jahre. Dafür bedecken sie dann

Gelborange wie die Sommersonne leuchten die Blütenkelche der Kapuzinerkresse.

wesentlich größere Flächen und bilden durch die kräftigere Laubentwicklung dichtere Decken. In

Pfeifenwinde und Wilder Wein verwandeln diesen Balkon in eine lauschige Laube.

den Anfangsjahren können Lücken ja mit Einjährigen gefüllt werden. Man unterscheidet dabei selbstklimmende Gehölze, die sich mittels Haftwurzeln oder -scheiben von selbst an Wänden hochziehen und solche, die ein Rankgerüst benötigen. ■

Kletterhilfen: Vielfältige Materialien und Formen

Klassischer Rosenbogen

Fast so alt wie die Rose und doch kein bißchen altmodisch. Im Gegenteil: Der Rosenbogen erlebt ein Come-back. Zu Recht, denn er wirkt immer als Blickfang, ob an der Eingangspforte oder als optische Trennung zweier Gartenbereiche. Wichtig: Er muß solide gebaut und belastbar sein (aus Holz oder Metall), denn Rosen werden alt, und ihr Holz wiegt im Lauf der Jahre schwer.

Balkonschmuck mal ganz anders

Blauregen verhilft diesem Balkon zum perfekten Sichtschutz. Die Brüstung verschwindet unter blauen Blütenrispen.

Bunter Vorhang

Wicken finden fast überall Halt und verwandeln, z.B. am Zaun wachsend, Grundstücksgrenzen in einen lebendigen Vorhang.

Fassadenklettern leicht gemacht

Um Hauswände zu begrünen, benötigen die meisten Senkrechtstarter Rankgitter. Diese werden an einigen Punkten in die Mauer gedübelt. Die Sprossen sollten einige Zentimeter Abstand zur Fassade haben. Neben dem abgebildeten Holzgitter gibt es Alternativen aus Kunststoff oder Metall in V-Form oder diagonaler Sprossenanordnung.

Laube – naturnah, rustikal

Eine freistehende Laube mitten im Garten bietet in begrüntem Zustand eine herrliche Rückzugsmöglichkeit. Das massive Holzgerüst trägt selbst schwere Gehölze. Die Natürlichkeit des Materials und die knorrige Form des Mittelträgers versprühen einen naturnahen, urigen Charme.

Es gibt viele Möglichkeiten, den Senkrechtstartern in die Höhe zu helfen. Schnüre oder Drähte genügen oft für einjährige Kletterer wie Wicken oder Prunkwinden. Gehölze, die viel Masse und Gewicht entwickeln, wie z. B. Rosen, brauchen Stützen aus Metall oder Holz. Letzteres sollte zum Schutz vor der Witterung kesseldruckimprägniert sein. Neben Hausfassaden oder Sichtschutzwänden eignen sich zum Begrünen natürlich auch freistehende Formen wie Säulen, Lauben, Pavillons, Bögen oder Laubengänge. Bäume können z. B. für Clematis oder Efeu als lebendige Kletterhilfe dienen. ■

Mit Leichtigkeit in die Höhe

Einjährigen Kletterern, wie dieser Prunkwinde, genügen Schnüre oder dünne Drähte, um sich hochzuziehen. Vorteil: Jede noch so unregelmäßig geformte Fläche kann mit diesen einfachen Kletterhilfen bespannt werden.

Mobiler Sichtschutz

Praktisch und variabel sind diese Tröge mit integrierter Kletterwand. Ideal für Ungeduldige! Am besten mit einjährigen Kletterern bepflanzen. Mit deren Hilfe kann man dann die anfangs noch kahle Terrasse vor fremden Blicken abschirmen. Sie kaschieren auch Lücken in frischgesetzten Hecken oder kahle Stellen vor Mauern und Zäunen. Werden ihre Dienste nicht mehr benötigt, ziehen sie an eine andere Stelle oder auf den Balkon um.

Kontrastprogramm

Wilder Wein erobert den Gartenzaun. Das feuerrote Herbstkleid des Weins steht der grauen Stein-Metall-Kombination gut. Mit seinen Haftscheiben findet er am Mauersockel auch ohne weitere Rankhilfen Halt.

Akzente setzen

Berankte Säulen, kleine Pavillons oder Phantasieformen können im Garten als wirkungsvoller Blickfang eingesetzt werden.

Sommergardinen

Einjährige Kletterer erweisen sich als sprintstarke Senkrechtstarter für kleinere Flächen und Sichtschutzwände. Man zieht sie entweder

So gemütlich kann die Terrasse schon im ersten Sommer nach dem Einzug aussehen. Feuerbohnen ❶ weben einen blickdichten Vorhang zum Nachbargrundstück. Die Wand aus Prunkwinden ❷ und Kapuzinerkresse ❸ sorgt für den ersten Schatten. Wenn die Terrasse eingewachsen ist, kann sie andernorts wertvolle Dienste leisten. Zarte Wicken ❹ verschönern die Stirnwand des Hauses – Vorboten weiterer herrlicher Gartendüfte.

Dieser aus Weidenruten geflochtene Zaun versprüht einen naturnahen, romantischen Charme. Er läßt sich schnell errichten und ergibt einen nahezu blickdichten Sichtschutz. Hier dient er Wicken als Stütze.

**Weitere Arten
(Trieblänge, Blütenfarbe)**

Braunäugige Susanne (1,50 m, orange), Japanischer Hopfen (4 m, unauffällig), Schönranke (3 m, gelb, orange, rosa), Sternwinde (5 m, gelb-orange), Maurandie (2 m, blau, weiß), Glockenrebe (3 m, violett, weiß), Zierkürbis (4 m, orange).

ab März am Fensterbrett vor oder sät sie im April/Mai direkt ins Freiland. Aus den winzigen Samenkörnern entwickeln sich in wenigen Wochen, je nach Art, zum Teil bis zu 5 m lange Triebe.

Einige tun sich durch besonders üppige Laubentwicklung hervor und leisten daher als Sichtschutz unschlagbare Dienste, etwa der Japanische Hopfen oder die Feuerbohne. Andere weben etwas

Beispiel

Natur Buch Tip

Kapuzinerkresse quittiert reichliche Düngergaben mit Blühfaulheit. Dafür bildet sie um so mehr große runde Blätter.

Blühende Senkrechtstarter

Die schnellwachsende Trichterwinde sorgt mit ihren großen Blättern und den bis zu 4 m langen Trieben rasch für dichte Wände.
❀ *VII–IX* 🏰

*Von der Kapuzinerkresse gibt es rankende und kletternde Sorten in Gelb, Orange und Rot.
Trieblänge 2 m.*
❀ *VII–X* 🏰

Die Feuerbohne: rekordverdächtig im Schnellwuchs, Trieblänge ca. 4 m, üppiges Laub, hübsche Blüte und eßbare Früchte.
❀ *VII–IX* 🏰

Weiß, rosa, rot und violett öffnen sich die zarten Blüten der Duftwicke. Sie ergeben herrliche Sträuße. Trieblänge 2 m.
❀ *VI–IX* 🏰

zartere Vorhänge, verzieren sie aber mit bezaubernden Blüten, wie z.B. die Braunäugige Susanne oder die duftende Wicke. Bereits ab Juni – schneller geht's kaum – schenken einige Arten die ersten Blüten. Die Pracht hält dann, gute Wasser- und Nährstoffversorgung vorausgesetzt, ununterbrochen bis Herbst an. Danach sterben sie ab und geben die Bühne frei für den Winter. ■

Allwetterkleid: grün, bunt oder schmackhaft?

Klettergehölze halten viele Jahre lang die Stellung durch alle Jahreszeiten. Unter ihnen befindet sich der absolute Spitzenreiter im Schnellschnitt reagiert der Knöterich ausgesprochen empfindlich. Also zunächst klären: Wieviel Quadratmeter sollen insgesamt begrünt werden? Welche Standortbedingungen finden sich dort vor? Die weitere Auswahl bestimmen dann noch die Optik und der persönliche Geschmack. So wirkt die Pfeifenwinde vor allem über ihre 10 bis 30 cm großen, herzförmigen Blätter, die dachziegelartig übereinander liegen. Sie verkleidet Lauben absolut blickdicht. Wer lieber auf auffällige Blüten setzt, ist mit Blauregen, Clematis oder Kletterrosen gut beraten. Erwartet man von seinem Blätterdach auch noch Erntesegen, läßt man sich in der Laube eben die Trauben oder Kiwis in den Mund wachsen. Wer dagegen großflächige Wände verkleiden will, wählt Selbstklimmer wie Wilden Wein und Efeu. Sie er-

Absoluter Champion im Schnellwuchs: der Knöterich! Er weist Jahrestriebleistungen von 1 bis 5 m (!) auf und erreicht Höhen bis zu 15 m. Seine dichten überbordenden Matten überziehen sich von Juli bis September auch noch mit filigranen, weißen Blütenschleiern.

wuchs, der Knöterich. Doch Vorsicht, Ungeduldige! So verlockend der Griff zu dieser Pflanze am Anfang auch sein mag, es muß wohl überlegt sein, ob der Platz für soviel Vitalität auch langfristig ausreicht. Denn auf starken Rück-

Nach zweijähriger Anlaufzeit wächst die Pfeifenwinde sehr schnell (Jahrestriebe bis zu 2 m Länge). Hübsch sind die riesigen, herzförmigen Blätter.
8–10 m

Clematis gibt es in vielen Arten und Sorten von unterschiedlicher Wüchsigkeit. Alle sind üppige Blüher und wollen den Kopf in der Sonne, den Fuß aber im Schatten haben.
bis 15 m
je nach Art V–X

Das Geißblatt ist anspruchslos. Unter den verschiedenen Arten und Sorten haben viele duftende Blüten.
3–6 m
je nach Art V–IX

Beispiel

Natur Buch Tip

Unbeschädigtem Mauerwerk werden Selbstklimmer nicht gefährlich! Risse im Außenputz oder Fugen können jedoch den Haftorganen als Einlaßpforten dienen und zu Schäden führen.

Weithin leuchten die orangefarbenen Blüten der Trompetenblume von Juli bis September. Sie klettert mittels Haftwurzeln und erreicht bis zu 10 m Höhe. Trotzdem sollte man die Haupttriebe, zumindest im unteren Bereich, durch Anbinden an ein Gerüst unterstützen. Der Standort muß warm, sonnig und windgeschützt sein. Nur der Wurzelbereich mag Schatten.

Der immergrüne Efeu, hier mit panaschiertem Laub, bietet auch im Winter was für's Auge. Er begrünt riesige Flächen, wächst anfangs aber langsam.
20 m

Wilder Wein genießt im Herbst seinen großen Auftritt. Er überzieht auch große Wände mit einem feuerroten Kleid.
10–15 m

Glänzend dunkelgrüne Blätter und riesige weiße Blütendolden zieren die Kletterhortensie. Sie wird so schwer, daß ein Gerüst zu empfehlen ist.
8–12 m
VI–VII

klimmen ohne weiteres 20 m Höhe und mehr. Ohne jede Hilfe erobern sie sich mittels Haftorganen die Senkrechte und können so ein komplettes Haus in einen grünen Pelz hüllen. Das sieht nicht nur schön aus, sondern bietet zudem auch noch Vorteile. Die Blätterschicht wirkt als hervorragender Temperaturpuffer. Sie beschattet die Wände im Sommer und im Winter bremst sie die Wärmeabstrahlung. ■

Hohe Sichtschutzhecken und niedrige Einfassungshecken unterstreichen als ruhige Kulisse den Auftritt der Blütenpflanzen.

Hecken – perfekter Sichtschutz

Ungeduldige fragen sich vielleicht: Schneller Sichtschutz und Hecke, widerspricht sich das nicht? Richtig ist, daß eine aus Jungpflanzen frischgesetzte Formschnitthecke Jahrzehnte braucht, ehe sie eine mannshohe und blickdichte grüne Wand bildet. Nichts wäre fataler, als sie möglichst schnell auf Höhe zu trimmen. Dies hätte eine magere Verzweigung und damit eine löcherige, instabile Hecke zur Folge, die ihren Zweck nicht erfüllt. Da jedoch Baumschulen um die Eile ihrer Kunden wissen, bieten sie auch größere Gehölze an.

▌siehe auch Seiten 24/25

Selbst fertige Formschnitthecken kann man vorgezogen in unterschiedlichen Höhen beziehen – je höher desto teurer. Jeder muß abwägen, wieviel er sich seine Ungeduld kosten lassen will. Aber es muß ja nicht unbedingt eine Schnitthecke sein. Auf Grund der dichten Verzweigung bietet sie den perfektesten Sichtschutz. Sofern sie aus immergrünen Arten besteht, bleibt sie selbst im Winter eine undurchdringliche grüne Wand. Aber auch freiwachsende Ziersträucher schützen in der Regel ausreichend vor fremdem Einblick. Zudem bezaubern sie durch herrliche Blüten und zum Teil feurige Herbstfärbung.

▌siehe auch Seiten 22/23

Der immergrüne Feuerdorn gehört zu den beliebtesten Gehölzen für freiwachsende Hecken, doch verträgt er auch strengen Formschnitt. Seine roten Früchte lassen ihn im Herbst regelrecht erglühen.

So sehen sie im Wandel der Jahreszeiten immer wieder anders aus. Auch die Nase kann man verwöhnen, z. B. mit einer Dufthecke aus Flieder oder Bauernjasmin.

Die Hainbuchenlaube bietet einen gemütlichen Zufluchtsort um sich zurückzuziehen.

Sollten klassische Hecken aus Mangel an Geduld überhaupt nicht in Frage kommen, gibt es auch raschwüchsigere grüne Wände. Wer gern die Vogelwelt in den Garten lockt, kann dies mit Sträuchern unterstützen, die Beerenfrüchte ansetzen. Besonders geeignet sind Kornelkirsche, Sand- oder Weißdorn. ■

Für jeden Zweck und Standort das Richtige

Freiwachsende Blütenhecken

Hecken wie hier z. B. aus prächtigen Spieren, benötigen viel Platz. Durch ihre überhängenden Triebe gehen sie stark in die Breite. Dafür sind sie ausgesprochen pflegearm und bieten einen überwältigenden Anblick.

Formschnitthecken

Schnitthecken gewinnen nur langsam an Höhe und müssen regelmäßig geschnitten werden. Ihre Stärken: sie kommen mit wenig Platz aus und entwickeln eine hohe Blickdichte. Immergrüne Arten, wie hier der Liguster, verwehren den Durchblick sogar im Winter.

Wildrosenhecken

Diese wachsen sehr schnell und gehörten früher in jeden Bauerngarten. Die bis zu 3 m langen Triebe hängen bogenförmig über. Die Blüten der heimischen Hundsrose duften angenehm und erscheinen in verschwenderischer Fülle. Ihre Hagebutten sind nicht nur eßbar, sondern auch eine hübsche Zierde, die bis in den Winter am Strauch hängt. Die Rose liebt tiefgründige, sonnige Plätze, toleriert aber auch lichten Schatten.

Bei einer so zweckgebundenen und dauerhaften Einrichtung wie der Sichtschutzhecke darf die Schnellwüchsigkeit natürlich nicht das einzige Entscheidungskriterium bleiben. Welchen Standort und wieviel Platz habe ich zu bieten? Wieviel Arbeit will ich für die Pflege aufwenden? Wie dicht soll die Hecke werden? Diese Fragen sollte sich jeder vor der Pflanzung gut überlegen. So können spätere Enttäuschungen leicht vermieden werden. Auch persönliche Vorlieben gilt es zu bedenken. Lege ich besonderen Wert auf Blüten? Möchte ich feueriges Herbstlaub oder Immergrüne? ■

Info

Sanddorn

Sanddorn ist ein heimisches Heckengehölz, das mit seinem zierlichen, graugrünen Laub Farbe in jede Pflanzung bringt. Er wird von Bienen und Vögeln gern besucht. Seine extrem vitaminreichen Früchte ergeben schmackhafte Säfte und Marmeladen. Er liebt sonnige Standorte und sandige oder kiesige Böden.

Berberitze

Von ihr gibt es verschiedene rotlaubige Sorten. So wird die Grundstücksgrenze etwas farbiger. Schließlich muß eine Formschnitthecke nicht unbedingt grün sein. Es gibt auch gelblaubige, schnittverträgliche Gehölze und solche mit panaschierten Blättern (siehe Kasten S. 44/45).

Kornelkirsche

Ein heimisches Gehölz, das sich auch in gemischten Hecken gut macht. Die Liste der guten Eigenschaften ist lang. Die zierlichen Blüten erscheinen sehr früh, bereits im März vor dem Blattaustrieb, und dienen den ersten Bienen als Nahrung. Auch Vögel schätzen die Kornelkirsche. Sie finden in ihren Zweigen Schutz und in den kleinen roten Kirschen, die im übrigen auch für den Menschen genießbar sind, ein begehrtes Futter. Verträgt auch Formschnitt sowie nahezu alle Bodenarten.

Grüne Blätterwände

Die perfekt gepflegte Formschnitthecke ist oft des Gärtners ganzer Stolz. Auf der anderen Seite wird sie wegen ihrer Strenge und Formalität auch oft abgelehnt. Jenseits aller Ideologien gilt es einfach, ihre Vor- und Nachteile abzuwägen. Sie stellt die platzsparendste und blickdichteste Hecke dar. Immergrüne verwehren auch im Winter jeden Einblick. Wer sie als zu düster empfindet, greift auf buntlaubige Gehölze zurück. Einigen Arbeitsaufwand verursacht der regelmäßige Rückschnitt, einmal im Jahr bei Immergrünen, zweimal bei Sommergrünen. Natürlich unterscheiden sich die einzelnen Gehölzarten in ihrer Wüchsigkeit. In nebenstehenden Listen finden Sie die Arten deshalb nach ihrer Wüchsigkeit geordnet. Ungeachtet dieser Unterschiede sollten Ungeduldige, die schnell einen mannshohen Sichtschutz haben wollen, auf vorgezogene Hecken-

Weitere Gehölzarten für Formschnitthecken in der Reihenfolge ihrer Schnellwüchsigkeit

- **Sommergrüne:** *Rotbuche, Feldahorn, Hecken-Berberitze, Busch-Liguster*
- **Wintergrüne/Immergrüne:** *Hecken-Liguster, Gewöhnlicher Liguster, Ilex, Berberitze (Arten), Buchsbaum*
- **Nadelgehölze:** *Bastardzypresse, Fichte, Hemlocktanne, Lebensbaum, Scheinzypressen, Eibe*
- **Buntlaubige Arten:** *Goldblättriger Liguster (L. ovalifolium 'Aureum', gelb), Berberitze (B. thunbergii 'Àtropurpurea', rot), Lebensbaum (T. occidentalis 'Sunkist', gelb)*

Eine schnelle und darüber hinaus auch noch wohlschmeckende Alternative stellen Himbeer- und Brombeerhecken dar. Die starkwüchsigen, großblättrigen Halbsträucher haben meterlange Ruten, die bald dichte Wände bilden. Sie brauchen allerdings ein Stützgerüst aus Pfosten und Drähten, das jedoch schon bald kaum mehr sichtbar sein wird. Früchte tragen jeweils die vorjährigen Triebe. Nach der Ernte sollte man sie entfernen und die jungen Ruten hochbinden. Voraussetzung für gutes Gedeihen ist ein sonniger, warmer Standort.

Es gibt auch Blütengehölze, die regelmäßigen Schnitt vertragen. Hier bilden Forsythie und Blutjohannisbeere eine bunte, gerade Wand. Neben diesen beiden Arten eignen sich auch Weißdorn, Zierquitte und die immergrünen Feuerdorn, Kirschlorbeer und Mahonie.

 **Natur Buch**

Viele Bambusarten neigen durch extreme Ausläuferbildung zum Wuchern. Wo Platzmangel herrscht, verhindert man mit Wurzelsperren die unkontrollierte Ausbreitung. Dazu versenkt man Stein-, Beton- oder nicht rostende Metallplatten mindestens 60 cm tief in den Boden um die Pflanze herum.

elemente zurückgreifen! Es gibt allerdings auch Alternativen.

| **siehe auch Seiten 74/75**

Wesentlich schneller lassen sich hohe, grüne Blätterwände nämlich mit anderen Pflanzen wie Bambus oder hochwachsenden Gräsern erzielen. ■

Hier wirkt die mannshohe Formschnitthecke aus Hainbuche als ruhige Kulisse für die farbenfrohe Blumenpflanzung. Die Hainbuche ist sommergrün.

Schirmbambus sorgt für perfekten Sichtschutz. Auch Gräser wie Chinaschilf oder Pfahlrohr eignen sich für diesen Zweck, brauchen aber Rückschnitt, was vorübergehenden Einblick erlaubt.

Wieviel kostet die Ungeduld?

Preisbeispiele vorgezogener Hainbuche-Heckenpflanzen:

- Zweimal verpflanzt, ohne Ballen, ca. 80 cm hoch, Stückpreis 10–15 DM.
- Zweimal verpflanzt, mit Ballen ca. 1,50 m hoch, Stückpreis 40–50 DM.
- Dreimal verpflanzt, mit Ballen ca. 2,20–2,50 m hoch, Stückpreis 80–110 DM.

Die freiwachsende Blütenhecke

Ohne Frage stellt sie die platzintensivste Sichtschutz- bzw. Heckenvariante dar. Egal, auf welche Länge sie gepflanzt wird, für die Breitenentwicklung sollte man 3 m einkalkulieren. Dafür bie-

Die Kupfer-Felsenbirne 3 kann auch als Kleinbaum gezogen werden. Sie besticht durch üppige Blüte im Frühjahr und flammende, orange-rote Herbstfärbung.

tet sie aber auch Vorteile. Sie benötigt keinerlei Pflege und wirkt aufgelockerter und lebendiger als eine Formschnitthecke. Ihre Blüten und Früchte ziehen Bienen, Falter

1 Die Forsythie ist schnellwüchsig. Ihre dichte Verzweigung bringt guten Sichtschutz. Sie blüht überreich, noch vor dem Laubaustrieb. Verträgt auch Schnitt.
2–3 m
III/IV

2 Die Blutjohannisbeere wächst eher langsam. Ihre karminroten Blütentrauben erscheinen mit dem Blattaustrieb. Riecht nach Schwarzer Johannisbeere.
1,5–2 m
IV/V

5 Flieder gibt es in vielen Sorten und Farben. Er läßt sich auch als Kleinbaum ziehen. Die Blüte duftet sehr intensiv.
4–6 m V
Ausläuferbildung

Beispiel

Tip Natur Buch

Die einzelnen Heckenpflanzen so zusammenstellen, daß entweder zu jeder Jahreszeit etwas blüht oder sie gleichzeitig in einem gemeinsamen Blütenhöhepunkt gipfeln, während im Rest des Jahres grün dominiert.

Hier wechseln hohe und kleinbleibende Sträucher ab. Das macht die Hecke dichter. Da Großsträucher im Basisbereich meist schmaler sind als in der Krone, entstehen unten Lücken, die die kleinen Gehölze füllen. Des besseren Vergleiches willen, tragen hier alle Gehölze ihren Flor, obwohl diese Arten in natura nicht alle gleichzeitig blühen. Einige finden Sie auf dieser Seite mit Bild noch genauer vorgestellt. Darüber hinaus stehen in dieser Hecke: Zierquitte ❹, Schneeball ❻, Kerrie ❼, Rote Sommerspiere ❿, Johanniskraut ⓬ und Säckelblume ⓭.

und Vögel an und beleben damit den Garten. Wie schnell sie dicht macht, hängt von Alter und Größe der gekauften Sträucher sowie vom Pflanzabstand ab. Vor zu engen Zwischenräumen jedoch sei gewarnt. Die meisten Ziersträucher benötigen Platz, um ihre artgerechte Erscheinungsform in voller Schönheit zu entfalten.

❽ Die Gemeine Heckenrose bildet ein undurchdringliches, dorniges Dickicht. Sie blüht blaßrosa oder weiß und duftet stark. Ihre Hagebutten sind eßbar und sehr vitaminreich.
1–3 m
VI / VII
Heimisches Gehölz

❾ Den Bauernjasmin gibt es in mehreren Sorten. Die Blüten der meisten verströmen einen betörend intensiven Duft.
2–3 m
V / VI

⓫ Der Schmetterlingsstrauch ist schnellwüchsig. Es gibt ihn in zahlreichen Sorten und Farben. Er bildet bis zu 30 cm lange Blütenrispen und lockt Schmetterlinge an (siehe auch S. 22/23).
2,50–4 m
VII / X

| siehe auch Seiten 42/43

Drangvolle Enge sorgt für untypischen Wuchs, schlechte Verzweigung und Blütenarmut. Anfängliche Lücken sollten Sie daher lieber mit mobilen Kletterwänden (siehe Seiten 36/37), Trögen (siehe Seiten 82–87), Sonnenblumen (siehe Seiten 54/55) oder dergleichen füllen. ■

Wahrlich ein Genuß fürs Auge ist dieses bunte Meer von Blüten.

Blütenmeer im Handumdrehen

Blüten gelten als Inbegriff der Gartenkultur. Es gibt wohl kein Pflanzenmerkmal, das züchterisch intensiver bearbeitet worden wäre. Daher liegt auch dem frischgebackenen Gärtner daran, sein neues Terrain möglichst schnell zum Blühen zu bringen. Die Pflanzung von Ziergehölzen ist eine Möglichkeit.

siehe Seiten 22 und 46

Sehr viel schneller aber führen Blumen zum Erfolg. Im Eiltempo zaubern Sommerblumen oder Zwiebelpflanzen Farbe und Lebendigkeit in den Garten. Blüten verdeutlichen den Fortschritt der Jahreszeiten und sie bringen, in Form von bunten Sträußen, ein Stück Natur auch ins Innere des Hauses. Die üppigste Wirkung erzielt eine ausgewogene Mischung aus Einjährigen, Zwiebelblumen, Stauden und Ziergehölzen. ■

Farben und Formen prägen den Stil

Keine Frage, bei der Pflanzung von Blumen ist die Blütenfarbe das Gestaltungskriterium Nummer eins. Doch auch die Formen erweisen sich als überaus variantenreich. Vom tellergroßen Sonnenblumenkopf bis zu den filigranen Wolken des Schleierkrauts eröffnen sich schier unerschöpfliche Potentiale, dem Garten ein bestimmtes Flair zu verleihen. Steht die Planung unter einem Motto, wie romantischer Garten oder Bauerngarten, sollten die ausgewählten Blumenarten dieses unterstreichen.

> siehe auch Seiten 16–19

Blumenblätter

Ein Umstand, der häufig vernachlässigt wird. Dabei kann auch das Laub ein spannungsreiches Kontrastprogramm erzeugen. Man denke an die fedrigen Härchen der Jungfer-im-Grünen neben den kreisrunden Scheiben der Kapuzinerkresse. Bei Stauden mit ihrer längeren Vegetations- aber oft kürzeren Blühzeit, treten die Blatteigenschaften noch mehr in den Vordergrund. Denken Sie auch daran, daß grün nicht gleich grün ist. Es gibt auch graue und bläuliche Laubfarben. Es existieren behaarte und glatte, zarte und fleischige, gefiederte und ungeteilte Blätter. Die Mischung macht's!

Ein Platz zum Wohlfühlen

Ob der Standort stimmt oder nicht, merkt man bei Blumen und Stauden relativ schnell. Die Pflanzen entwickeln sich nur zögerlich, Einjährige laufen erst gar nicht richtig auf. Zwiebelblumen erweisen sich als sehr kurzlebig und Stauden verkümmern. Alle zusammen zeigen sich meist blühfaul. Fehler oder falsche Behandlung treten also rasch zutage und können ebenso schnell behoben werden. Vorgezogene Beet- und Balkonpflanzen sind rasch nachzukaufen

Diese Schattenpflanzung verdankt ihre Attraktivität den unterschiedlichen Blattformen.

Kontrastreiche Farben sorgen für knallige Wirkung.

Allgemeines

und füllen entstandene Lücken schnell wieder auf. Insofern wirkt die falsche Standortwahl hier weniger gravierend als bei Gehölzen. Dennoch sollten gerade eilige Gärtner bedenken: Je besser ein Platz den artspezifischen Anforderungen der Pflanze gerecht wird, desto üppiger und schneller wird sie sich entwickeln! Es lohnt sich also, etwas Zeit und Mühe auf die Standortwahl zu verwenden.

Das Düngerangebot ist riesig, der Bedarf der Pflanzenarten sehr unterschiedlich. Am besten beim Kauf im Fachhandel beraten lassen.

Düngung

Die einzelnen Blumenarten stellen bezüglich ihrer Versorgung mit Nährstoffen sehr unterschiedliche Ansprüche. Verallgemeinernde Aussagen machen daher keinen Sinn. Als bester Termin für die Düngung gilt jedoch generell: Stauden in der Zeit des Austriebs und unmittelbar vor der Blüte düngen, nach August grundsätzlich nicht mehr. Bei Einjährigen und Zwiebelblumen ist eine gute Grunddüngung vor der Pflanzung wichtig, danach je nach Bedarf fortfahren. ■

Farbkreis als Gestaltungshilfe

Wer sich in der Kombination der Blütenfarben und ihrer Wirkung noch nicht ganz sicher ist, dem hilft ein Blick auf den Farbkreis. Die drei Grundfarben Rot, Gelb und Blau nehmen je ein Drittel des Kreises ein. Zwischen den reinen Farben liegen die Mischtöne, z. B. Violett zwischen Rot und Blau.

Komplementäre Farben
Bilden den größtmöglichen Kontrast und unterstreichen sich in ihrer Leuchtkraft. Sie liegen sich im Farbkreis gegenüber, eine Gerade verbindet sie.

Farbverläufe
Farben, die auf dem Kreisbogen nebeneinanderliegen, gehen sanft Ton-in-Ton ineinander über. Sie erzeugen eine ruhige, elegante, romantische Stimmung.

Farbdreiklänge
Legt man ein gleichseitiges Dreieck in den Kreis, weisen die Spitzen stets auf Farben, die kontrastreich und harmonisch zusammenklingen, egal wie man es dreht.

Ein Meer aus Tagetes und Husarenknöpfchen umspült eine Insel hochwachsender Sonnenblumen.

Blitzstart mit einjährigen Sommerblumen

Was sind einjährige Sommerblumen? Es handelt sich um Pflanzen, die innerhalb einer Saison aus dem Samen keimen, Stengel, Blätter, Blüten und Früchte bilden und vor Einbruch des Winters von selbst absterben. Sie sind somit von Natur aus auf schnelle Entwicklung geprägt. Für ungeduldige Gärtner also das ideale Material.

▎siehe auch Seiten 32/33

Hier darf man auch mal ohne lange Planung drauf los experimentieren. Denn, erweist sich ein Standort als wenig geeignet oder eine Farbkombination als unharmonisch, probiert man im nächsten Jahr einfach etwas Neues aus – ohne langes Roden oder Umpflanzen. Ja man kann sogar während der laufenden Saison grobe Fehler durch das Nachsetzen vorgezogener Pflanzen ausgleichen.

Der Fachhandel bietet ab Mai unter der Bezeichnung Beet- und Balkonpflanzen bereits blühende Exemplare in Hülle und Fülle an. Darunter befinden sich viele Arten, die aus wärmeren Gebieten der Erde stammen und dort durchaus als überdauernde Stauden gedeihen. Bei uns sterben sie jedoch wegen der rauheren Witterung im Herbst ab. Wir behandeln sie also wie Einjährige. Eine Sonderstellung zwischen Sommerblumen und Stauden nehmen die Zweijährigen ein.

▎siehe auch Seiten 70/71

Kornblumen, Ringelblumen und Mohn bezaubern durch ihre Leuchtkraft.

Wer Blüten und Farben in den Garten holen will, der wird auf Sommerblumen nicht freiwillig verzichten. Ihr großes Plus: Sie

Robuste Blumenarten sät man, ohne Vorkultur, direkt an Ort und Stelle ins Freiland.

blühen üppig und lange, oft über Monate hinweg.
Robustere Arten wie Jungfer-im-Grünen, Ringelblume, Reseda, Kapuzinerkresse oder Sonnenblume, sät man zwischen Ende März und Mitte Mai direkt an Ort und Stelle ins Freiland. Die Einjahresblumen aus warmen Regionen, benötigen eine Vorkultur am Fensterbrett. ▪

Riesen und Zwerge geschickt kombiniert

Borretsch
Er gilt allgemein als Würz- und Küchenkraut. Sowohl die großen behaarten Blätter als auch die zahlreichen, intensiv blauen, sternförmigen Blüten besitzen jedoch hohen Zierwert. Die Pflanze wächst buschig und wird bis zu 80 cm hoch – ideal für Ungeduldige!

Levkoje
Die weißen, rosa oder violetten Blüten verströmen einen schweren, süßen Duft. Sie gehört, mit 30 bis 80 cm Höhe ins Mittelfeld der Wuchsgrößen.

Ringelblume
Eine alte Heil- und Bauerngartenpflanze. Sie wird 30 bis 70 cm hoch und blüht gelb oder orange. Blütezeit ist von Juli bis September. Sie kann zwischen hohen und niedrigeren Nachbarpflanzen vermitteln.

Jungfer-im-Grünen
Die zarten himmelblauen oder weißen Blüten erscheinen über zierlichem, haarfeinem Laub von Juni bis September. Sie verbreitet ein romantisches Flair und wird 50 bis 60 cm hoch.

Einjahresblumen eignen sich hervorragend als Lückenfüller in gemischten Pflanzungen. Man kann mit ihnen aber auch ganze Beete oder Rabatten gestalten. Das Sortiment umfaßt vom Bodendecker bis zum Zweieinhalb-Meter-Hünen alle Staturen.

siehe auch Seiten 58/59

Die Wuchshöhe ist ein wichtiges Auswahlkriterium, wenn die Pflanze ihren Zweck erfüllen und mit der Umgebung harmonieren soll. Daneben gilt es dann, die verschiedensten Farben und Blütezeiten geschickt aufeinander abzustimmen.

Info

Studentenblume
Hier die gelbe Tagetes-Patula-Hybride 'Viva'. Es gibt auch Sorten mit stark gefüllten Blüten in orange oder rotbraunen Tönen. Patula-Hybriden werden je nach Sorte 20 bis 50 cm hoch.

Duftsteinrich
Er duckt sich mit einer Wuchshöhe von 5 bis 15 cm eng an den Boden und bildet flache, breite Polster, ideal um die Rabatte abzuschließen und einen Übergang zum Rasen oder der Terrasse herzustellen. Die zierlichen Blüten zeigen sich von Juni bis Oktober!

Eisenkraut
Man pflanzt es gerne in größeren Gruppen im Vordergrund von Beeten. Es gibt zahlreiche Sorten in unterschiedlichen Farbtönen. Alle bleiben 20 bis 30 cm klein und gehören eher zu den Zwergen des Sortiments. Sie blühen von Juni bis September.

Sonnenblume
Der Riese unter den Einjährigen erreicht Höhen von bis zu 2,50 m. Dabei entwickelt sich das Laub so üppig, daß die Pflanze auch als schneller Sichtschutz am Zaun verwendet werden kann. Eilige haben ihre Freude daran.

Mit Farben gestalten

Blüten bilden die Farbpalette des Gärtners. Wie ein Maler kann er damit unterschiedliche Stimmungen zaubern. Warme Farben wie Sonnengelb, Glutorange oder Feuerrot verleihen dem Garten Temperament. Kühle Farben wie Blau, Grün oder Violett wirken eher zurückhaltend, dezent und erfrischend. Je nach Kombination der Farben erzielt man unterschiedliche Effekte.

siehe auch Seiten 50/51

Nicht nur die drei Grundfarben, besonders ihre Tönungen und Nuancen bestimmen die Atmosphäre. So erzeugt zartes Pastellrosa ein eher romantisches Flair, speziell wenn es mit sanften Lilatönen und graulaubigen Stauden kombiniert wird. Dagegen kommt ein kräftiges Pink knallig und lebhaft daher. Eine Wirkung, die sich durch kontrastreiche, bunte Nachbarblüten noch unterstreichen läßt. ■

Sommerblumen unterschiedlicher Farbe

☐ **Weiß:**
Levkoje, Petunie, Ziertabak, Schmuckkörbchen, Wucherblume, Marien-Glockenblume, Spinnenblume, Strauch-Margerite

■ **Gelb:**
Pantoffelblume, Studentenblume, Sonnenblume, Ringelblume, Löwenmäulchen, Strauch-Margerite, Garten-Strohblume, Sonnenhut

■ **Orange:**
Zinnie, Kapuzinerkresse, Studentenblume, Ringelblume, Sonnenhut, Orangen-Schmuckkörbchen, Tithonie

■ **Rot:**
Löwenmäulchen, Spinnenblume, Garten-Strohblume, Fleißiges Lieschen, Ziertabak, Scharlach-Lobelie, Feuersalbei, Zinnie

■ **Rosa:**
Sommeraster, Spinnenblume, Schmuckkörbchen, Garten-Strohblume, Fleißiges Lieschen, Bechermalve, Levkoje

■ **Violett:**
Sommeraster, Spinnenblume, Vanilleblume, Fleißiges Lieschen, Levkoje, Eisenkraut, Petunie

■ **Blau:**
Leberbalsam, Marien-Glockenblume, Männertreu, Vergißmeinnicht, Salbei, Jungfer-im-Grünen, Borretsch

Rein weiße Gärten oder solche, in denen diese Blütenfarbe zumindest stark dominiert, strahlen eine vornehme Eleganz aus.

Für Ungeübte und Mitmenschen, die unter Zeitmangel leiden, ist der Griff zur fertigen Saatmischung am einfachsten. Der Fachhandel bietet eine große Auswahl an, darunter auch einfarbige Kompositionen.

Beispiel

 **Natur Buch**

Sämereien für gängige Sorten von Einjährigen Blühern findet man in jedem Gartencenter. Sucht man jedoch spezielle Farbtöne ausgefallener Sorten, wendet man sich besser an Samen-Spezialbetriebe, die auch versenden. Adressen finden Sie im Anhang.

 *Zinnien gibt es in vielen Formen, Größen und Farben. Alle lieben warme Plätze und nährstoffreiche, frische Böden.*
❀ *VII–X* ▯ *30–100 cm*

 *Das Blaue Gänseblümchen eignet sich gut für den Steingarten, aber auch für Kästen und Ampeln.*
❀ *VI–X* ▯ *20–30 cm*

 *Die leuchtenden Knöpfchen der Pantoffelblume bringen Licht in den Schatten.*
❀ *VI–X*
▯ *20–40 cm*

Die hier gezeigte Kombination von Salbei 'Victoria' und Tagetes sind nur ein Beispiel dafür, wie Einjährige mit ihren Farben den Sommer verschönern.

Der Bauerngarten ist nicht nur durch die Mischung von Nutz- und Zierpflanzen geprägt, sondern auch durch die farbenfrohe Kombination der Blüten.

 *Männertreu macht sich durch die seltene, klar blaue Blütenfarbe gut in jeder Mischpflanzung.*
❀ *VI–IX*
▯ *10–20 cm*

57

Blumenbeet für einen Sommer

Wer gern jedes Jahr ein neues Bild kreieren will oder ganz einfach mit der Planung einer mehrjährigen Pflanzung nicht rechtzeitig fertig wurde, der liegt mit einem Beet aus lauter Einjährigen genau richtig. Wichtig ist es, die Wuchshöhen gut aufeinander abzustimmen. Verläuft das Beet entlang eines Zaunes oder einer Mauer, stellt man die höchsten Arten nach hinten, die kleinwüchsigen nach vorn. Liegt es als Insel im Garten, läßt man die größten Pflanzen in der Mitte gipfeln, um keine anderen Blüten zu verdecken. Für gemischte Pflanzungen stellt sich dann die Frage: Soll in der Rabatte zu jeder Jahreszeit etwas blühen? Oder wird ein fulminanter Höhepunkt angestrebt, zu dem alle Arten gleichzeitig blühen? Bei reinen Sommerblumenbeeten erübrigt sich diese Entscheidung. Fast alle Arten sind ausgesprochene Langzeitblüher. Sie zeigen ihre Blumen meist von Juni/Juli bis September/Oktober. Ein Dauerblütenspektakel ist also garantiert. Übrigens sind Zweijahresblumen eine wertvolle Ergänzung

Bechermalven: Diese Pracht wächst in einer Saison heran.

Natur Buch Tip

Verwelkte Blüten laufend entfernen, dies regt die Bildung neuer Knospen an und verlängert die Blütezeit insgesamt.

siehe auch Seiten 70/71

des Sortiments, auch in Hinblick auf eine frühzeitigere Blüte. ■

1 Die stattliche Stockrose, eine zweijährige Pflanze, gehört zum Schönsten, was ein Garten zu bieten hat. Blüht rosa, purpur, weiß und gelb.
🌱 160–200 cm
❀ VII–IX

2 Die Spinnenblume ist eine auffallende Erscheinung mit extravaganten Blütenköpfen in weiß, rosa, rot oder violett.
🌱 80–140 cm
❀ VII–X

3 Der Ziertabak ist dank seiner Größe und der breiten Blätter eine imposante Erscheinung. Blüht weiß, karminrot, rosa und gelb.
🌱 bis 150 cm
❀ VI–X

Beispiel

4 Das Schmuckkörbchen
verbindet dekorative Blüten in weiß, rosa oder karminrot mit feinem, attraktivem Laub.
🌱 50–110 cm
🌸 VI–X

5 Die romantische Bechermalve
blüht üppig und dekorativ. Die Blüten sind rosa oder weiß und oft dunkel geadert.
🌱 50–80 cm
🌸 VII–IX

6 Die Vanilleblume
duftet betörend und bildet große, schirmartige, violette Blütenstände.
🌱 30–60 cm
🌸 VI–IX

Dieses Beet könnte sich vor einer Hauswand oder entlang eines Zaunes ausbreiten. Auch von einer Terrasse aus würde man den Blick auf die in der Höhe gestaffelten Blüten genießen. Voraussetzung ist ein vollsonniger Standort. Das Beet besteht aus: Stockrosen ❶, Spinnenblume ❷, Ziertabak ❸, Schmuckkörbchen ❹, Bechermalven ❺, Vanilleblume ❻, Duftsteinrich ❼ (siehe auch Seite 55) und Männertreu ❽. Letzterer bildet auf dem Boden aufliegende Triebe und wird 10 bis 20 cm hoch. Die Blüten erscheinen von Juni bis September. ■

59

Zwiebelblumen sind die Schnellstarter der Gartensaison. Unzählige Sorten in allen erdenklichen Farben verwandeln den Garten im Handumdrehn in ein Blütenmeer.

Schneller Erfolg mit Zwiebel- und Knollenpflanzen

Obwohl diese Gruppe zu den mehrjährigen, ausdauernden Pflanzen gehört, handelt es sich um ausgesprochene Schnellstarter. Warum? Die Natur hat sich da einen besonderen Trick einfallen lassen. Unterirdische Speicherorgane, die Zwiebeln und Knollen, überdauern die kalte Jahreszeit. Sie enthalten ungeheuere Energiereserven. Sobald die Witterung paßt, schießen sie förmlich hervor und treiben die schönsten Blüten, und zwar schon vom ersten Standjahr an. Vom Stecken bis zur ersten Blüte vergehen nur wenige Wochen. Viele Blumen dieser Gruppe gedeihen auch in Töpfen hervorragend.

siehe auch Seiten 84/85

Was unterscheidet Zwiebeln von Knollen? Echte Zwiebeln, z. B. Tulpen, umschließen bereits die fertige Pflanze im Miniaturformat. Sie bestehen aus mehreren dicken oder dünnen Schalen. Knollen dagegen, z. B. Winterlinge, sind reine Speicherorgane. Sie lagern Energie in Form von Stärke ein.

Ihr Gewebe ist fest und ungegliedert. Eine Zwischenform stellen Zwiebelknollen dar, z. B. Gladiolen und Krokusse. Zwiebeln und Knollen reagieren empfindlich auf Staunässe. Sie faulen leicht. Deshalb beim Stecken in schwere Böden auf gute Drainage achten. Eine Schicht aus Sand oder Kies wirkt hier Wunder. Für die Pflanztiefe gilt die allgemeine Faustregel: Die Zwiebeln und Knollen sollten etwa zwei- bis dreimal so tief in den Boden kommen, wie sie selbst groß sind, z. B. Krokus-

Osterglocken verleihen dem Blütenmeer die frühlingshafte Frische.

se 5 cm, Kaiserkronen 30 cm. Wer Probleme mit Wühlmäusen hat, versenkt die Zwiebeln mit einem Plastikkorb oder Maschendrahtgeflecht in der Erde. Es lohnt sich schon beim Einkaufen auf Qualität zu achten. Ausnahmsweise stimmt hier die plumpe Annahme, daß die dicksten Zwiebeln und Knollen die üppigste Blüte bescheren. ■

Wildtulpen besitzen einfachen, ursprünglichen Charme.

Zwei Saisonhöhepunkte

Buschwindröschen

Das heimische Buschwindröschen öffnet seine Blütensterne im März. Es gedeiht am besten unter sommergrünen Gehölzen im Halbschatten. Wenn man es in Ruhe läßt, breitet es sich gern aus und bedeckt dann große Flächen.

Krokus

Der typische Frühlingbote schlechthin! Kaum ist der letzte Schnee geschmolzen, tauchen ab Februar seine kurzgestielten, bunten Blütenköpfe auf. Krokus gibt es in unterschiedlichen Arten und zahlreichen Sorten und Farben.

Tulpen

Sie eroberten, aus dem Osten kommend, Europa im Handumdrehen. Sie wurden sogar zum Spekulationsobjekt. Man wog ihre Zwiebeln einst in Gold auf. Heute gehören sie zu den beliebtesten Gartenpflanzen. Das Sortiment ist riesig. Abgebildet sind Kaufmanniana-Tulpen. Sie zählen zu den Botanischen Tulpen, die der Wildform noch relativ nahe stehen. Sie blühen bereits ab März.

Dahlien

Ihre Vielfalt ist schier unüberschaubar. Von 30-Zentimeter-Zwergen bis zu 1,60-Meter-Prachtexemplaren reicht die Palette der Spätblüher. Bis in den Oktober verlängern sie die Blumensaison mit üppigen Blüten in nahezu allen Farbtönen.

Zwiebel- und Knollenblumen lassen sich grob in zwei Gruppen einteilen. Da ist zunächst das riesige Sortiment der Frühlings- und Vorfrühlingsboten. Sie bringen Farbe in eine ansonsten blumenlose Jahreszeit und sind eine Ergänzung des Sommerblumensortiments, das erst ab Mai/Juni für Farbe sorgt. Auch der Großteil der Stauden läßt so früh noch auf den ersten Flor warten. Die zweite Gruppe bilden die Hochsommer- und Herbstblüher, unter denen sich besonders starkwüchsige, hohe und großblütige Arten befinden. Sie zaubern im Handumdrehen eine auffällige Blumenpracht. ■

Info

Hyazinthe
Sie stammt aus dem Orient. Ihre großen Blüten verbreiten im April und Mai einen schweren, intensiven Duft.

Schneeglöckchen
Es schenkt in der Regel die ersten Blüten im Jahr. Bereits Ende Januar/Anfang Februar öffnet es seine Schirmchen in der Farbe des Schnees. Es fühlt sich an kühlen, frischen Plätzen am Gehölzrand besonders wohl.

Feuerlilie
Die heimische Feuerlilie ist eine Vertreterin der umfangreichen Gattung Lilia. Sie wird bereits seit Jahrtausenden in Gärten gepflegt. Ihre eleganten, vornehmen Blüten öffnet sie sortenabhängig von Juni bis September. Der schwere, süße Duft vieler Sorten verströmt sich meterweit.

Gladiole
Sie macht sich auch als Schnittblume in der Vase gut. Sie zählt zu den stattlichen Sommerblühern. Man steckt die Zwiebeln Anfang Mai und darf schon ab Ende Juni die ersten Blüten genießen. Je nach Sorte erreicht sie bis zu 1,40 m Höhe. Es gibt jedoch auch die zierlichen, kleinbleibenden (40 bis 60 cm hohen) Babygladiolen.

Die Frühlingsboten

Von wenigen Ausnahmen abgesehen, verdanken wir die ersten Blüten des Jahres den Zwiebel- und Knollenpflanzen. Ihr großes Verdienst besteht darin, daß sie den Auftakt der Blumensaison bereits in den Winter vorverlegen. Sie lassen den Frühling schon erahnen, während der Rest des Gartens noch weitgehend »schläft«. Diese Tatsache trägt wohl zu ihrer großen Beliebtheit bei. Ihre Zwiebeln steckt man im Herbst, von September bis Mitte November. Bereits wenige Wochen später spitzen die ersten Triebe, z. B. von Schneeglöckchen oder Winterling, zwischen den Schneeresten aus dem Boden hervor. Einige der frühen, kleinblumigen Arten neigen zum Verwildern. Das heißt, sie breiten sich von selbst über große Flächen

Hier ergänzen sich Narzissen, Tulpen, Kaiserkronen und Hyazinthen mit Zweijahresblumen zu einer gelungenen Frühlingspflanzung.

Natur Buch Tip

Hyazinthen, Tulpen und Narzissen eignen sich gut zum Treiben. Dazu die Zwiebeln im September/Oktober in Kästen (Höhe etwa 15 cm) stecken. Kühl und dunkel aufstellen, z. B. im Keller. Erste Triebspitzen zeigen sich nach 3 bis 4 Monaten. Dann in einem kühlen, hellen Raum akklimatisieren und nach frühestens einer Woche ins warme Wohnzimmer holen. Dort erblühen die Pflanzen bald.

Azurblaue Kolonien bilden die Traubenhyazinthen mit ihren zuckerhutartigen Blüten.
15–25 cm
IV–V

Die vielblütige Tulpe Tulipa tarda gehört zu den echten Wildtulpen. Die zweifarbigen Becherblüten bringen lebhafte Farbtupfer.
10–30 cm
III–IV

Die Balkan-Anemone paßt am besten in waldartige Pflanzungen. Achtung, sie ist giftig!
20–25 cm
III–V

Beispiel

Pflege

Bei großblumigen Arten nach der Blüte verwelkte Köpfe abschneiden, damit die Pflanze keine Kraft für die unnötige Fruchtbildung verliert. Die Blätter jedoch stehen lassen. Sie versorgen die Zwiebel jetzt mit den notwendigen Nährstoffen, um neue Energiereserven für die nächste Saison zu bilden. Erst wenn das Laub vergilbt, darf es entfernt werden.

Kaiserkronen zählen zu den traditionellen Bauerngartenpflanzen. Sie sind nämlich nicht nur schön anzusehen, sondern ihr knoblauchähnlicher Geruch soll Wühlmäuse vertreiben. Sie blühen gelb, orange oder rot und werden etwa 80 cm hoch.

Eine Wohltat für wintermüde Augen sind die ersten Blüten des Winterlings. Schon im Februar öffnet er seine satt gelben, zart duftenden Schalen und läßt sich auch von Schneeresten nicht am Blühen hindern.

Die mit der Kaiserkrone nah verwandte Schachbrettblume ist eine heimische Pflanze, die man leider nicht mehr oft findet. Sie lebt in feuchten Wiesen und Auen. Ihr Name kommt von den hellen und dunklen Feldern auf der Blüte.

Der heimische Märzenbecher duftet leicht nach Honig. Er verträgt auch Schatten und schwere Böden in Wassernähe.
🌱 20–60 cm
❀ II–IV

Blausternchen bilden ihre enzianfarbenen Teppiche gern im schütteren Rasen, am Gehölzrand oder im Steingarten.
🌱 10–15 m
❀ II–V

Lilablaue Sternchen mit weißem Auge kennzeichnen den Schneestolz. Er stammt aus den Bergen der Westtürkei.
🌱 15 cm
❀ III–IV

aus, sei es durch Selbstaussaat, sei es durch Brutzwiebeln oder Ausläuferbildung. Voraussetzung ist, daß der Standort stimmt und man sie in Ruhe läßt, also auf Bodenbearbeitung und andere gärtnerische Maßnahmen verzichtet. Sie danken es mit herrlichen Blütenteppichen. ■

Prachtgestalten für Sommer und Herbst

Sie sind Juwelen für eilige Gärtner! Die unscheinbaren Zwiebeln werden meist erst im Frühjahr ausgelegt. Aber

Lilien verleihen jeder Pflanzung eine gewisse Noblesse, insbesondere die weißen Glocken der Königslilie (im Bild) und der Madonnenlilie. Letztere fand nachweislich bereits 2500 vor Christus im alten Ägypten als Gartenpflanze Verwendung! Jahrtausendelange Züchtung macht diese Familie heute fast unüberschaubar.

bereits im Sommer entwickeln sich daraus große, voluminöse Prachtgestalten, häufig üppig belaubt, in jedem Fall aber auffällig blühend. Sie verwandeln den Garten ruckzuck in ein grünes Paradies. Zu dieser Gruppe der spätblühenden

Die wichtigsten Lilien

- **Türkenbundlilie:** heimisch, purpurrosa
  60–120 cm VI–VII
- **Feuerlilie:** heimisch, orange, rot
  40–120 cm VI–VII
- **Tigerlilie:** orange-rot
  120–180 cm VII–IX
- **Königslilie:** weiß, gelber Schlund, außen rosa Streifen, stark duftend
  60–150 cm VII
- **Madonnenlilie:** reinweiß, stark duftend
  80–120 cm VI–VII
- **Asiatische Hybriden:** aufrechte Schalenblüten, viele Farben
  50–150 cm VI–VIII
- **Trompeten-Hybriden:** weit geöffnete Trichterblüten, stark duftend, viele Farben
  120–200 cm VII

Dahlienpflege

Dahlienknollen bringt man im Mai in den Gartenboden. Sie lieben ein sonniges Plätzchen sowie einen humusreichen, durchlässigen Boden. Reichliche Kompostgaben und langsam fließende, organische Dünger tun ihnen gut. Leider gelten Dahlien als nicht frosthart. Obwohl manche Exemplare auch strenge Winter im Freien überstehen, empfiehlt man allgemein die geschützte Überwinterung. Dazu nach dem ersten Frost das Laub etwa handhoch über den Knollen abschneiden und diese vorsichtig ausgraben. Mit den Stengelresten nach unten trocknen lassen, Erdreste entfernen und die Knollen frostfrei in einem kühlen Keller überwintern. Man kann sie auch in Sand oder Torf einschlagen, falls der Lagerraum zu warm oder trocken ist.

Imposant ist die winterharte Steppenkerze. Allein die Blütenkerze (weiß, rosa, gelb) wird bis zu 1 m lang.
1–3 m
VI–VII

Die orangefarbenen, grazilen Blütenähren der Montbretie leuchten weithin. Sie braucht Winterschutz.
60–100 cm
VII–IX

Der Riesenlauch ist nur ein Vertreter der zahlreichen dekorativen Zierlauch-Arten.
bis 180 cm
VI–VII

Beispiel

Welche andere Blume hat so viele Gesichter? Die Blütenformen der Dahlien unterscheiden sich so stark, daß man sie für unterschiedliche Pflanzen halten könnte. Die Wuchshöhen variieren von 30 bis 170 cm und bieten somit, von der Balkonpflanze bis zur Prachtstaude, für jeden Zweck etwas. Selbst das Laub kann sowohl grün als auch purpurrot ausfallen. Großer Beliebtheit erfreuen sich Dahlien auch als Schnittblumen. Ihre Blütezeit reicht von Juli bis Oktober. Links abgebildet: ❶ *einfache Dahlie,* ❷ *Päonienblütige,* ❸ *Halskrausendahlie,* ❹ *Anemonenblütige,* ❺ *Pompondahlie,* ❻ *Kaktusdahlie,* ❼ *Schmuckdahlie,* ❽ *Balldahlie.*

Zwiebel- und Knollenpflanzen gehören die Dahlien und Lilien. Erstere verlängern die Blütensaison bis Oktober; letztere gehören zu den ältesten und traditionsreichsten Gartenpflanzen, die uns bekannt sind. Die meisten Lilienarten schenken uns darüber hinaus einen betäubend intensiven Duft.

Ebenso stattliche und farbenfroh blühende Hünen gibt es unter den Gladiolen.

Ein wenig kleiner im Wuchs, aber nicht minder vielfältig in puncto Blütenformen und -farben, zeigen sich die unermüdlich blühenden Knollenbegonien. Diese müssen allerdings den Winter über ins Haus gebracht werden, wo sie vor Frost geschützt sind.

siehe auch Seiten 86/87

Aber auch andere, weniger formenreiche Arten leisten wertvolle Dienste, so etwa die riesenhafte, bis zu 3 m hohe Steppenkerze oder der bloß 10 cm große Herbstkrokus. Er blüht noch bis weit in den November hinein und bildet damit wohl das absolute Jahresschlußlicht in puncto Blütezeit. ■

Einen Hauch Exotik verbreitet das Indische Blumenrohr mit seinem braunroten Laub. Knollen im Winter ausgraben.
50–150 cm
VI–X

Ob buschig oder hängend, gefüllt oder ungefüllt: Knollenbegonien fallen immer auf. Unbedingt frostfrei überwintern.
20–60 cm
V–X

Der Türkische Mohn öffnet seine Blüten im Mai und Juni

Sprinter unter den Stauden

Stauden gedeihen, wie auch Gehölze, über viele Jahre hinweg am selben Standort. Zwar sterben Blätter und Sproß in jedem Herbst ab, aber die unterirdischen Pflanzenteile überwintern und treiben im Frühjahr erneut aus. Sie werden im jugendlichen Stadium gepflanzt und entwickeln sich erst im Lauf der Jahre zu voller Pracht und Schönheit. Insofern sind sie für Ungeduldige nicht die erste Wahl. Stauden gehören jedoch zum Herrlichsten, was ein Garten zu bieten hat. Man sollte keinesfalls auf sie verzichten. Außerdem gibt es in dem schier unendlichen Sortiment neben ausgesprochenen Spätzündern, wie etwa der Pfingstrose, auch echte Schnellentwickler. Neben den Zweijährigen existieren weitere, relativ kurzlebige Arten, die ihren Entwicklungshöhepunkt schon im ersten bis dritten Standjahr erreichen. Einige von ihnen werden in diesem Kapitel vorgestellt. Darüber hinaus gibt es auch Arten, die zwar nicht unbedingt schnellwüchsiger sind als andere, aber so groß werden bzw. soviel Blattmasse entwickeln, daß sie schon als Jungpflanzen viel hermachen. Wieder andere, z. B. Farne, bietet der Fachhandel auch in älteren Entwicklungsstadien an. Übrigens fühlen sich viele Stauden auch im Kübel wohl.

siehe auch Seiten 80/81

Hauptpflanzzeiten sind nach wie vor Herbst und Frühjahr. Die Pflanze zeigt dann meist nur wenige Blättchen oder Triebknospen. Da Stauden aber meist in Töpfen kultiviert werden, kann man sie eigentlich während der ganzen Saison pflanzen. Kauft man sie im blühenden Zustand, lassen sich Farbkombinationen besser aufeinander abstimmen. Gängige Arten bieten Gartencenter und Wochenmärkte an. Ausgefalleneres bestellt man in Versand-Staudengärtnereien.

Hochwachsende Arten brauchen mitunter eine Stütze.

Zartblaue Blüte der Pfirsichblättrigen Glockenblume.

Sonderfall Zweijährige

Vergißmeinnicht

Das Vergißmeinnicht verbreitet mit seinen zarten, himmelblauen Blüten eine etwas romantisch-nostalgische Stimmung. Man sollte ihm einen sonnigen Fleck auf feuchtem Boden zuweisen.

Bartnelken

Diese farbenprächtigen Blumen passen gut in Bauerngärten. Sie sind schon lange in Kultur, daher gibt es zahlreiche, auch zweifarbige Sorten.

Fingerhut

Der Fingerhut bildet attraktive Blütenkerzen, die sich aus einzelnen Glöckchen zusammensetzen. Die Farbpalette umfaßt Weiß und alle Rosatöne. Er liebt halbschattige Lagen und kann bis zu 1,40 m hoch werden. Vorsicht: Die Pflanze ist stark giftig!

Info

Eine kleine Gruppe von Pflanzen folgt einem ganz besonderen Wachstumsrhythmus. Man sät sie im ersten Jahr, im Frühling oder Frühsommer, aus. Blüten entwickeln sie jedoch erst im zweiten Jahr. Danach sterben die Pflanzen in der Regel ab. Unter günstigen Bedingungen überdauern manche Exemplare auch länger und blühen noch im dritten und vierten Jahr nach der Aussaat. Bienne, wie sie auch genannt werden, nehmen eine Sonderstellung, zwischen Einjahresblumen, denen sie häufig zugerechnet werden, und Stauden ein. Es gibt nur wenige Arten. ■

Goldlack
Goldlack blüht im Mai/Juni, je nach Sorte gelb, orange bis braun. Die robusten Pflanzen vertragen Sonne und Halbschatten.

Stiefmütterchen
Stiefmütterchen zählen zu den beliebtesten und bekanntesten Frühlingsblühern. Sie gedeihen auch noch im lichten Schatten. Eine unüberschaubare Fülle an Sorten in allen Farben steht zur Auswahl.

Marien-Glockenblume
Während ihrer Blütezeit von Mai bis Juli garantiert die Marien-Glockenblume für Aufsehen. Sie mag frische, humose Böden. Staunässe nimmt sie jedoch übel.

Blüten für Sonne und Schatten

Die richtige Standortwahl ist für Stauden entscheidend. Sie überdauern schließlich Jahre am selben Platz. Fühlen sie sich dort nicht so recht

Astilben möbeln schattige Ecken auf. Ihre federartigen Blütenrispen blühen, je nach Art und Sorte, von Juni bis September. Die Wuchshöhen variieren von 20 bis 120 cm. Astilben lieben kühle Plätze mit frischen Böden. Sie sind nicht unbedingt besonders raschwüchsig, erscheinen aber schon als Jungpflanzen relativ stattlich.

wohl, kümmern sie vor sich hin. Sagen ihnen die Bedingungen zu, entwickeln sie sich auch schnell und üppig. Gerade Ungeduldige sollten daran denken. Das wichtigste Kriterium sind immer die herrschenden Lichtverhältnisse.

Schnellstarter für halbschattige und schattige Lagen
- *Der vielseitige, pflegeleichte* **Frauenmantel** *wirkt durch seine großen dekorativen Blätter von Anfang an sehr voluminös.*
 30–50 cm VI–VIII
- *Die problemlose heimische* **Knäuelglockenblume** *paßt gut in naturnahe Gärten.*
 20–60 cm VI–VIII
- *Die* **Pfirsichblättrige Glockenblume** *erweist sich als sehr wüchsig. Sie breitet sich durch Selbstaussaat und Wurzelausläufer aus.*
 50–100 cm VI–VIII
- *Die prächtige* **Nachtviole** *gedeiht auch noch im Vollschatten. Sie wird oft nur zwei Jahre alt.*
 60–100 cm V–VI
- *Der* **Moossteinbrech** *bildet flache Polster, am liebsten im lichten Schatten von Mauern oder Gehölzen.*
 5–20 cm V–VI

Der zartblaue Staudenlein liebt heiße und nährstoffarme Plätze.
 30–50 cm V–VII

Schneidet man die aromastarke Katzenminze nach der ersten Blüte auf die Hälfte zurück, dankt sie es mit einem zweiten Flor.
 20–30 cm V–IX

Sonnenhungrige Pflanzen brauchen eben das gleißende Licht für möglichst viele Stunden am Tag. Waldbewohner hingegen nehmen unter zuviel Einstrahlung bald Schaden. Die Pflanzen haben sich im Lauf der Evolution an verschiedene Lebensräume angepaßt und diese Vorlieben fest im genetischen Programm verankert. Der Gartenstandort muß diesen Bedingungen so nahe wie möglich kommen. Neben Licht spielen auch Bodenverhältnisse, Wasser- und Nährstoffangebot eine Rolle. ■

Auf nährstoffreichen, frischen Böden gedeiht der Bartfaden mit seinen langen Blütenrispen.
 80–100 cm VII–IX

Beispiel

Der Purpur-Sonnenhut lockt Schmetterlinge an. Er paßt gut zu Astern.
70–100 cm VII–IX

Lupinen blühen violett, rosa oder weiß. Mögen keine kalkigen Böden!
80–100 cm VI–VII

Die Moschusmalve bezaubert mit zahlreichen, filigranen, rosa Blüten.
30–100 cm VI–X

Eilige Gärtner können es an sonnigen Standorten einmal mit den links und oben gezeigten Pflanzen probieren. Alle kommen schnell aus den Startlöchern. Bis auf die Bergaster neigen sie zur Kurzlebigkeit und müssen nach drei bis vier Jahren nachgepflanzt oder geteilt werden. Dieses Beet bietet von Juli bis September volle Blütenpracht. Es besteht aus:
① *Rotstiel-Sonnenblumen (180 cm),*
② *Sommer-Margeriten (50–90 cm),*
③ *Bergastern (40–60 cm) und*
④ *Mädchenaugen (25 cm).*

Es grünt so grün

Viele Stauden verdanken ihren Zierwert weniger der Blüte als dem Laub. Mammutblatt oder das Tafelblatt entwickeln beispielsweise außergewöhnlich große Blätter, viele Funkien schmücken sich durch ungewöhnliche Blattfarben. Gräser und Farne sorgen durch die ausgefallene Laubform für Aufsehen. Nun stellen Blattschmuckstauden in puncto Schnellwüchsigkeit nicht unbedingt Rekorde auf. Dennoch dürften einige auch für Ungeduldige interessant sein. So sind großlaubige Arten bereits im Jugendstadium relativ voluminös. Einige Gräser schießen so hoch auf, daß sie von Anfang an als vertikale Strukturgeber oder Sichtschutz dienen.

| siehe auch Seiten 44/45

Farne werden oft in älteren Entwicklungsstadien angeboten, so daß sie gleich nach der Pflanzung ihre volle Wirkung entfalten. ∎

Die einzelnen Wedel des Wurmfarns werden bis zu 1 m lang und erscheinen filigran und lichtdurchlässig. Trotzdem bilden sie zusammen eine üppige, urwaldartige Grünmasse. Farne lieben lichten, wandernden Schatten von Gehölzen und humusreichen Boden. Sie ergänzen sich besonders gut mit Waldstauden zu naturnahen Pflanzungen.

Das Schaublatt (Rodgersia pinnata) entfaltet riesige, geteilte Blätter, die bis zu 1 m lang werden. Es braucht feuchte, nahrhafte Böden und fühlt sich im lichten Schatten von Gehölzrändern am wohlsten. Die Blüten erscheinen im Juni/Juli auf 60 bis 120 cm hohen Blütenständen. Sie können weiß, rosa oder gelblich sein.

Beispiel

 Natur Buch

Wahren Sie beim Anlegen eines Beetes genügend große Abstände zwischen den Pflanzen. Stauden legen im Lauf der Zeit einiges an Umfang zu. Nehmen Sie anfängliche Lücken in Kauf, und füllen Sie diese mit einjährigen Sommerblumen.

Eine auffällige Erscheinung: das Tafelblatt (Rodgersia tabularis). Es wird etwa 1 m hoch und liebt kühlen Schatten.

Hier verbreiten verschiedene Chinaschilf-Arten Sommerstimmung und bringen durch ihre stattliche Größe (1,50 m bis fast 4 m) Struktur in die Pflanzung. Außerdem wachsen sie sehr rasch und bieten auch im Winter einen bezaubernden Anblick. Chinaschilf braucht sonnige, warme Standorte auf frischen bis feuchten Böden.

Blattschmuckstauden

Malerisch rollt der Becherfarn seine bis zu 80 cm hohen Wedel auf. Er breitet sich durch Ausläufer aus.
 60–140 cm

Funkien sind Schmuckstücke für jeden Garten. Sie sind zwar nicht unbedingt schnellwüchsig, aber sie entfalten zahlreiche große Blätter.
 10–80 cm

Der Waldgeißbart bildet voluminöse, blattreiche Horste. Er bevorzugt schattige, feuchte Plätze.
150–200 cm

Dieses Mammutblatt steckt noch im Babystadium. Später wird ein einziges Blatt ein bis zwei Meter im Durchmesser groß.
 *bis 200 cm*

Exotische Kübelpflanzen verbreiten einen Hauch von Sommer, Sonne und Süden.

Aus der Trickkiste – Töpfe, Kübel und Tröge

Instantgärtnerei könnte man das Bepflanzen von Töpfen, Kästen und Kübeln auch nennen. Sie garantiert die Sofortbegrünung jedes kahlen Gartenwinkels. Man nehme Zutaten nach Geschmack, gebe sie in einen Topf, füge Wasser dazu und fertig ist das kleine Paradies. Ein Terrain auf dem sich Ungeduldige endlich nach Herzenslust austoben können. Zu fast jeder Jahreszeit bieten Gärtnereien allerlei Topfpflanzen an. Ob Stauden, Einjährige oder Zwiebelblumen – alles läßt sich auch in Gefäße setzen. Selbst Gehölze, ob exotisch oder heimisch, werden oft in Containern kultiviert. Der Gesamteindruck gewinnt, wenn hier und da ein Blickfang postiert ist. Hat der Kübelgarten an einer Stelle seinen Zweck erfüllt, zieht er einfach an einen anderen Ort um oder man setzt die Pflanzen in den Gartenboden aus. ∎

Jeder Kübelgarten ist so gut wie seine Pflege

Die Kultur in Töpfen und Trögen schränkt den Wurzelraum künstlich ein. Normalerweise findet die Pflanze im Boden Halt. Die Wurzeln versorgen sie außerdem

Gönnen Sie auch den Topfpflanzen während Ihres Urlaubs eine Vollpension.

mit Nährstoffen und Wasser. In Trockenperioden holen sie den Nachschub aus tieferen Erdschichten nach oben. Da diese Funktionen im Kübel begrenzt oder unterbunden sind, muß der Mensch sie mit seiner Pflege ausgleichen. Dies erfordert einigen Aufwand an Zeit und Arbeit.

Wässern

Allein das regelmäßige Gießen kann in den heißen Sommermonaten bei einer Terrasse voller Kübel schnell eine Stunde und mehr beanspruchen. Der Ballen sollte nie völlig austrocknen, Staunässe gilt es aber ebenso zu vermeiden. Bei längerer Abwesenheit – im Hochsommer sind schon ein bis zwei Tage Kurzurlaub kritisch – muß die weitere Pflege durch Freunde oder Nachbarn gesichert sein. Es sei denn, man entscheidet sich für eines der im Fachhandel angebotenen Bewässe-

Gartenbesitzer können ihre Topferden auch selbst mischen.

rungssysteme. Die Palette reicht von Pflanzbehältern mit eingebautem Wasserreservoir bis hin zur computergesteuerten Tröpfchenbewässerung. Kürzere Zeiträume lassen sich mit einfacheren Mitteln überbrücken. Abhilfe schaffen z. B. auch leere Wein- oder Pfandflaschen. Man füllt sie mit Wasser und steckt sie kopfüber in die Topferde. Sie geben ihren Inhalt nach und nach an das Substrat ab.

Erden

Entscheidend für den Wasser- und Nährstoffhaushalt wirkt sich die Qualität der Topferde aus. Gartenbesitzer können die Erde selbst mischen. Eine bewährte Mischung sind drei Teile Gartenerde, drei Teile gut verrotteter Kompost, zwei Teile Sand und zwei Teile Torf. Einfacher ist es, mit fertigen Erdmischungen zu arbeiten. Ein-

Tip Natur Buch

Um das Ein- und Ausräumen großer, schwerer Kübel zu erleichtern, stellt man sie auf Räder. Fahrbare Untersätze findet man im Fachhandel.

Der Eingang ist die Visitenkarte des Hauses. Petunienblüten sorgen für Farbe. Die winterharten, immergrünen Gehölze verlängern die Saison. Zierspargel verbringt nur die Sommerfrische im Freien.

heitserde und Balkonblumenerde eignen sich in der Regel gut. Bei Blumenerden sollten Sie nicht unbedingt die billigsten Angebote wählen. Deren Eigenschaften lassen oft zu wünschen übrig. Für Pflanzen mit besonderen Ansprüchen an die Bodenbeschaffenheit, z. B. Kakteen oder Rhododendren, empfiehlt es sich, auf die im Fachhandel angebotenen Spezialerden zurückzugreifen.

Düngen

Fertigerden bringen bereits eine Grunddüngung mit, die etwa vier bis acht Wochen vorhält. Danach müssen regelmäßig Nährstoffe zugeführt werden. In welchem Maß, hängt von der Pflanzenart ab. Grundsätzlich gilt: Die Dosierungsanleitung auf der Packung lieber unterschreiten, dafür aber öfter mal nachdüngen. Denn das begrenzte Erdreich kann auch nur begrenzt Nährstoffe vorrätig halten. Andererseits führt eine zu hohe Konzentration zu Wurzelschäden. Üppig blühende Balkonkästen und die meisten blatt- und blumenreichen Kübelpflanzen darf man im Sommer wöchentlich schwach düngen. Bei Gehölzen ab Ende August die Düngung einstellen. In der Topfkultur sind die mineralischen den rein organischen Düngern ausnahmsweise vorzuziehen, da letztere erst durch Bodenorganismen verfügbar werden, die in Topferde nicht ausreichend vorkommen. ■

Ein- und Umtopfen

· Um Staunässe zu vermeiden, muß jedes Pflanzgefäß Wasserabzugslöcher im Boden aufweisen. Beim Umtopfen sollte das neue Gefäß soviel größer sein, daß rund um den Ballen mindestens 2 cm Platz bleiben.
· Den Ballen außen auflockern, von alter Erde befreien, vertrocknete, verfaulte oder zu lange Wurzeln abschneiden.
· Die unterste Lage im Topf besteht aus einer Drainageschicht aus Tonscherben, Blähtonkugeln oder Kies.

· Einige Zentimeter Erde einfüllen, Pflanze mittig einsetzen. Ränder mit Erde auffüllen, leicht andrücken. Zuletzt reichlich gießen.

Der schnellste Weg zum Erfolg: Kübelpflanzen bereichern den Garten bereits in der ersten Pflanzsaison.

Den Garten in Töpfe stecken

Das Motto heißt: Erlaubt ist, was gefällt. Neben dem kompletten Balkonblumensortiment gedeihen auch nahezu alle Pflanzen, die in unseren Gärten wachsen, in Töpfen. Eilige werden also immer etwas finden, um ihrer Sehnsucht nach Grün sofort Taten folgen zu lassen. Die Topfkultur eignet sich ganz besonders zur Lösung vorübergehender Probleme. Sind Beete und Rabatten noch nicht pflanzfertig, sorgen Töpfe und Tröge dafür, daß die erste Saison nicht blütenlos vergeht. Sie helfen auch aus der Patsche, wenn die neu gesetzte Hecke noch löchrig oder die Kletterwand und Pergola noch kahl wirken. Mobiler Sichtschutz im Trog schließt Lücken im Eilverfahren.

▌siehe auch Seiten 36/37

Während die meisten Sommerblumen nach der Blüte auf den Kompost wandern, halten es langlebige winterharte Stauden und Gehölze ganzjährig im Topf aus. Auch wenn es sich dabei um Arten handelt, die bei uns im Freien ausreichend frosthart sind: In Kübelkultur brauchen sie etwas Winterschutz. Die geringe Erdmenge im Gefäß friert schneller durch als der Gartenboden. Das Wasser vereist. Die Pflanzen leiden dann an der sogenannten Frosttrocknis, da den Wurzeln kein Wasser mehr zur Vergügung steht. Insbesondere bei Immergrünen, deren Blätter ja auch im Winter Wasser verdunsten, führt dies schnell zu Schäden. Im Gegensatz zu Exoten können frostharte Arten jedoch draußen überwintern. Drohen dauerhafte Minusgrade, stellt man die Töpfe eng zusammen, am be-

Herrlicher Blickfang für schattige Ecken: Hortensien.

Einen Wintermantel um den Kübel brauchen selbst frostharte Gehölze.

sten an ein wind- und regengeschütztes Fleckchen, auf eine isolierende Unterlage, z. B. Styropor, und umwickelt sie mit Noppenfolie. Oft genügt es, die Zwischenräume der Topfgruppe mit trockenem Laub, Zeitungspapier, Holzwolle oder anderem luftigen Material auszufüllen. ■

81

Gefäße – dekorativ und zweckmäßig

Ton

Das am häufigsten verwendete Material. Es ist atmungsaktiv und läßt Wasser verdunsten. Töpfe deshalb vor dem Bepflanzen in Wasser legen und vollsaugen lassen. Pflanzen häufiger gießen. Tonkübel sind schwer und standfest, aber bruchempfindlich. Äußerst dekorativ sind insbesondere die oft reich verzierten Terracottagefäße aus der Toscana. Sie sind doppelt gebrannt und, im Gegensatz zum einfachen Ton frostfest. Nachteil: relativ teuer.

Halbiertes Weinfaß

Der klassische Kübel, vielleicht sogar die Urform der Kübelhaltung. Etwas Patina unterstreicht den rustikalen Charme. Wichtig: Auf Steine stellen, da er dann besser belüftet wird. Das Holz vermodert sonst schnell.

Stein

Natursteintröge sind kostbare und teure Besonderheiten. Meist werden die Gefäße aus Kunststein gefertigt, einer Mischung aus gemahlenem Sand, Zement und Zusatzstoffen. Steintröge sind schwer, sie eignen sich nicht für regelmäßigen Standortwechsel. Ihre Frost- und Witterungsbeständigkeit prädestiniert sie für Dauerbepflanzungen.

Holz

Holz gleicht Temperaturen aus, ist atmungsaktiv und hat ein mittleres Gewicht. Holzgefäße können auch im Freien überwintern. Erste Verwitterungspuren machen sie erst richtig schön. Zuviel dauerhafte Nässe zerstört das Holz allerdings.

Das Pflanzgefäß bietet dem Wurzelballen Raum und gibt der Pflanze Halt. Große, hohe Exemplare brauchen schwere Kübel, um auch an windigen Tagen standfest zu bleiben. Winterharte Arten, die das ganze Jahr im Freien verbringen, benötigen frostfeste Gefäße. Nicht jedes Material eignet sich für diesen Zweck. Über ihre reine Funktionalität hinaus, stellen Töpfe und Tröge jedoch auch ein wichtiges Gestaltungsmittel dar.

siehe auch Seiten 12/13

Form, Größe, Material und Farbe sollen mit der Pflanze und der Umgebung harmonieren. ■

Kupferampel
Die grüne Oxidationsschicht verleiht dieser Ampel Attraktivität. Metallgefäße sollten nur als Übertöpfe verwendet werden, es sei denn, sie sind innen kunststoffbeschichtet oder emailliert.

Körbe
Sind dekorativ und verbreiten ein rustikales, ländliches Flair. Es gibt sie in vielen Formen und Farben. Leider sind sie nicht sehr langlebig. Im Freien verwittern sie schnell. Am besten nur als Übertopf benutzen oder für kurzlebige Kulturen. Dann vor dem Einfüllen der Erde mit Folie auskleiden.

China-Kübel
Diese bestehen aus hochgebranntem, glasiertem Steingut. Sie sind schwer, frostfest und lassen keine Feuchtigkeit passieren. Es gibt sie in unterschiedlichen Farben und Mustern.

Blechtonne
Aller Theorie zum Trotz scheint sich diese Erdbeere in der Tonne wohl zu fühlen. Auch in den Mittelmeerländern sieht man oft alte Konservendosen als Pflanzgefäße. Trotzdem muß man wissen, daß Metalle pflanzenschädigende Stoffe abgeben können. Unbeschichtete Gefäße daher wenigstens mit Folie auskleiden und nur für kurzlebige Kulturen verwenden.

Die Jahreszeiten einfangen

Arrangements aus blühenden Saisonblumen spiegeln die Jahreszeiten. Im Frühling freut man sich an den ersten Blüten der frühblühenden Zwiebelpflanzen.

siehe auch Seiten 60/61

Der Sommer gehört den üppigen Beet- und Balkonpflanzen sowie den Einjährigen. Auch Stauden gedeihen im Topf, zunächst oft sogar schneller. Später setzt das Topfvolumen ihrem Ausbreitungsdrang gewisse Grenzen. Im Herbst können Astern, Erika oder Gräser noch einmal für Farbe sorgen, ebenso Laubgehölze mit flammender Herbstfärbung oder Beeren-

Gehölze mit schönem Herbstlaub
Ahorn, Felsenbirne, Parrotie, Essigbaum, Perückenstrauch, Spindelstrauch, Berberitze

Fruchtschmuck
Hartriegel, Sanddorn, Eberesche, Feuerdorn, Rosen, Niedrige Scheinquitte, Cotoneaster

Dauerbepflanzung: Winterfeste Gehölze wie diese Zwergkiefer können auch im Trog rund um das Jahr draußen bleiben. Immergrüne und Koniferen in verschiedenen Grüntönen kombinieren oder mit Buntlaubigen zusammensetzen. Sie bieten dem Auge auch im Winter Abwechslung.

Niemand muß im Herbst auf Farbe verzichten. Einige Gehölze (siehe Kasten) entzünden jetzt ein Blätter-Feuerwerk oder schmücken sich mit bunten Früchten. Die Blütensaison verlängern jetzt Stauden wie Fetthenne, Astern und verschiedene Gräser, z. B. Federborstengras, Pampasgras, Chinaschilf oder Lampenputzergras. Im Fachhandel findet man jetzt viele blühende Erikasorten zum sofortigen Pflanzen. Sie lassen sich gut mit dem einjährigen Kreuzkraut und Nadelgehölzen kombinieren.

 Natur Buch

Koniferen und Immergrüne verdunsten auch im Winter Feuchtigkeit über die Blätter. Deshalb an frostfreien Tagen ausreichend gießen!

Der Frühling läßt grüßen. Die bunten Töpfchen wirken nach dem langen Winter wie kleine Muntermacher. Sie hellen die Umgebung auf und stimmen freundlich. Die Zwiebeln steckt man entweder im Herbst und überwintert die Töpfe geschützt im Freien oder kühl im Haus, oder man kauft im März vorgetriebene, schon blühende Pflanzen.

Glockenblumen und Margeriten ergänzen sich hier. Die kühlen Farben Blau und Weiß erfrischen das Auge an heißen Sommertagen. Die beiden Arten stehen hier stellvertretend für das unüberschaubare Sortiment an Sommerblumen und Stauden, die dem Topfgärtner die Wahl zur Qual werden lassen.

schmuck. Winterharte Gehölze halten die Stellung in ihren Trögen auch in der kalten Jahreszeit. Fruchttragende Sträucher oder Immergrüne bilden im Schnee dekorative Blickfänge. ■

Gehölze zur Dauerbepflanzung

Koniferen
Zwergkiefer-Sorten, Zwerglebensbaum-Sorten, Wacholder-Sorten, Nestfichte, Kissenfichte, Zuckerhutfichte

Buntlaubige Koniferen
Lebensbaum 'Sunkist', Zwergfadenzypresse Filifera 'Aurea Nana' und 'Filifera Sungold', Goldeibe 'Semperaurea', Blauer Zwergwacholder 'Blue Star', Igel-Fichte (P. glauca) 'Echiniformis', Blaue Mädchenkiefer

Immergrüne Laubgehölze
Ilex, Buchsbaum, Cotoneaster, Berberitze, Mahonie, Schattenglöckchen, Skimmie

Buntblättrige Laubgehölze
Spindelstrauch, Efeu-Sorten, Bergilex-Sorten

Die Sinne verwöhnen

Nicht nur das Auge profitiert von blühenden Pflanzen in Töpfen und Kübeln. Auch die anderen Sinne dürfen den Kübelgarten genießen. Verzaubern Sie doch Terrasse oder

Die Früchte in den Mund wachsen lassen mit Obst in Kübeln.

Balkon in ein Paradies himmlischer Düfte. Was ist entspannender, als sich abends bequem in den Liegestuhl zurückzulehnen und sich den betörenden Duft

> **Duftpflanzen**
>
> *Magnolie, Gewürzstrauch, Waldmeister, Minze, Ziertabak, Duftsteinrich, Goldlack, Indianernessel, Flammenblume, Zitronenmelisse, Rosmarin, Thymian, Hyazinthe, Gartennelke, Nachtviole*

Duftende Rosensorten

- **Historische Sorten:** *'Isphahan', 'Madame Isaac Pereire', 'Buff Beauty'*
- **Strauchrosen:** *'Westerland', 'Frühlingsgold'*
- **Teehybriden:** *'Papa Meilland', 'Grace de Monaco', 'Esmeralda'*
- **Beetrosen:** *'Duftrausch', 'Träumerei', 'Blue Parfum'*
- **Kletterrosen:** *'Lawinia', 'Gloire de Dijon', 'Coral Dawn'*

von Reseden, Rosen oder Levkojen um die Nase wehen zu lassen? Eine Fülle von Duftpflanzen fühlt sich in Gefäßen ausgesprochen wohl. Die Topfkultur hat außerdem den Vorteil, daß sie die Pflan-

Die Gefäßkultur erfüllt selbst spezielle Wünsche. Der Miniteich im Faß holt den Wassergarten auf die Terrasse. Es gibt verschiedene schwachwachsende Wasserpflanzen, sogar Miniseerosen, die in dem begrenzten Raum gut gedeihen.

Kübelweise Duft umgibt diese Terrasse. Gerüche haben direkten Einfluß auf das Wohlbefinden. Ob würzig-erfrischend wie Lavendel **2** und Duftpelargonie **9**, ob orientalisch-schwer wie Lilien **7** und Levkojen **4** oder blumig-süß wie Wicken **8**, Reseden **3** und Rosen **1** – lassen Sie die Tageslaune entscheiden und rücken Sie Töpfe oder Stuhl je nach Vorliebe zurecht. An einige Blüten muß die Nase nah ran, z. B. beim Sommerflieder **6**, andere verströmen ihr Parfum meterweit, z. B. die Lilien. Bei Bartblume **5** und Duftpelargonie duften die Blätter mehr als die Blüten. Vanilleblume **10** und Levkojen riechen abends besonders intensiv. Alle Pflanzen brauchen einen sonnigen Standort.

zen immer in Nasennähe rücken können. Den Gaumen verwöhnt man mit schmackhaftem Obst und Gemüse, aus Kübeln geerntet. Geradezu klassisch ist die

Beispiel

Pflege von Küchenkräutern in Töpfen oder Kästen. Aber auch gestandene Gemüsearten wie Tomaten, Zucchini oder Gurken liefern ansehnliche Erträge. Entscheidend ist dabei die passende Topfgröße, gute Erde und natürlich auch ausreichendes Gießen. Selbst Äpfel und Birnen gedeihen auf schwachwüchsigen Unterlagen jahrelang im Trog. Mit etwas Mut, Experimentierfreude und der Bereitschaft zu guter Pflege lassen sich in Gefäßen also auch einmal ausgefallene Ideen realisieren. ■

Ein kleiner Topf-Garten Eden: Allerlei Würzkräuter im dekorativen Kübel versorgen die Küche mit stets erntefrischem Aroma. Tomate und Zucchini entwickeln sich im Tontopf hervorragend. Voraussetzung ist ein sonniges Plätzchen und reichlich Gießwasser.

Engelstrompete und Palmen bringen exotisches Flair und etwas Urlaubsstimmung in den Vorgarten.

Klassische Kübelpflanzen

Unter klassischen Kübelpflanzen versteht man Gehölze oder Stauden, die aus wärmeren Regionen der Erde stammen. Sie können bei uns nicht ins Freie gepflanzt werden, da sie ein frostfreies Winterquartier benötigen.

Die Haltung von Exoten kam in Europa erst im 16. und 17. Jahrhundert in Mode. Kaufleute, Seefahrer und Missionare brachten unbekannte Pflanzen aus fernen Ländern mit. Das Aufblühen der Gartenkunst und Architektur in der Renaissance und Barockzeit unterstützte den Trend. Der Adel errichtete in seinen Schloßanlagen prächtige Exoten-Winterquartiere, die sogenannten Orangerien. In der heutigen Zeit dienen Kübelpflanzen nicht mehr als Statussymbol. Ihre nachhaltige Beliebtheit hängt wohl eher mit dem weltweiten Tourismus zusammen.

Passionierte Gärtner holen eben gerne einen Hauch von Süden auf die heimische Terrasse. Ungeduldigen kommt die Tatsache entgegen, daß Kübelpflanzen in unterschiedlichen Größen angeboten werden. Der Erfolg mit Exoten hängt maßgeblich von der artgerechten Überwinterung ab. Überlegen Sie vor dem Kauf, ob Sie die Ansprüche erfüllen können! Pflanzen aus den Tropen, wie Passionsblume oder Banane, vertragen keinerlei Frost. Sie brauchen auch im Winter Helligkeit und Temperaturen von 10 °C oder mehr. Subtropische Arten dagegen, z. B. Aukube oder Olive, tolerieren kurz-

Engelstrompete und Schmucklilie blühen bei uns nur dann prächtig, wenn sie richtig überwintert wurden.

fristig sogar Fröste bis –5 °C. Die meisten Kübelpflanzen lassen sich in einem unbeheizten Zimmer, im Keller oder in der Garage, gut über die Frostperiode bringen. Der Platz sollte dabei hell sein. Je dunkler der Ort, desto kühler muß er sein. Wenig gießen, den Ballen aber nie ganz austrocknen lassen. ■

Ein Gruß aus dem fernen Osten: die zarte Kamelie.

Schönheiten aus fünf Kontinenten

Kassie

Hier die Gewürzrinde (Cassia corymbosa), ein Strauch, der aus Südamerika stammt und im Kübel bis 3 m hoch werden kann. Er blüht von Juli bis Oktober und verträgt sogar leichten Frost. Der nah verwandte Kerzenstrauch (Cassia didimobotrya) ist im tropischen Afrika beheimatet und wesentlich wärmebedürftiger.

Schmucklilie

Sie gehört zu den beliebtesten Kübelpflanzen. Immergrüne Blätter und rund 1 m hohe Blütenstände zieren das Liliengewächs aus Südafrika. Sie muß kühl überwintert werden (maximal 8 °C), sonst blüht sie nur spärlich.

Hibiskus

Hawais Nationalblume stammt eigentlich aus dem tropischen Asien und will daher auch im Winter warm (um 15 °C) gehalten werden. Es gibt unzählige Sorten und Blütenfarben.

Brautmyrte

Sie wird schon seit Jahrhunderten als Kübelpflanze kultiviert. Sie kommt aus dem Mittelmeerraum und wurde dort auch als Heil- und Gewürzpflanze genutzt.

Aus aller Herren Länder und aus den verschiedensten Lebensräumen stammen die Pflanzen, die in unseren Breiten als Kübelpflanzen beliebt sind. Entsprechend unterschiedlich sind daher auch die Anforderungen der einzelnen Arten. Je genauer man über den Heimatstandort Bescheid weiß, desto leichter fällt es, die speziellen Pflegeansprüche der jeweiligen Pflanzen zu erfüllen. ■

Zierbanane
Sie ist in den Bergwäldern Afrikas zu Hause, wo sie noch in über 2000 m Höhe gedeiht. Sie sollte trotzdem nicht unter 10 °C überwintert werden.

Tibouchina
Die betörende Blütenfarbe und samtig behaarte Blätter machen sie beliebt. Die Brasilianerin braucht regelmäßigen Schnitt, sonst verkahlt sie leicht.

Zylinderputzer
Die roten Flaschenbürsten wirken garantiert als Blickfang. Das Myrtengewächs ist in Australien zu Hause und wächst sehr schnell. Es wird auch im Kübel bis zu 3 m hoch.

Oleander
Der Klassiker aus der Mittelmeerregion, der in fast keinem deutschen Kübelgarten fehlt. Es gibt Sorten mit einfachen und mit gefüllten Blüten in vielen Rosa- und Rottönen.

Atmosphäre zaubern

Mit exotischen Kübelpflanzen importiert man immer auch ein Stückchen vom besonderen Flair fremder Regionen. Mit etwas Geschick lassen sich die unterschiedlichsten Stimmungen und Szenarios zaubern.

siehe auch Seiten 82/83

Stimmige Accessoires und nicht zuletzt die passenden Pflanzgefäße perfektionieren die Atmosphäre. ■

Kurzbeschreibung der Arten:

Der Igel- oder Goldkugelkaktus **13** *wird auch Schwiegermuttersessel genannt. Er kann bis zu 1,30 m hoch und fast ebenso breit werden. Überwintert auch im Zimmer bei 10 Grad.*

Echeverien **11** *gibt es in vielen Arten mit unterschiedlicher Blattfarbe. Das Dickblattgewächs möglichst wenig und nie in die Rosette gießen. Hell bei 5 °C überwintern.*

Die Washingtonie **14** *wird auch im Kübel über 3 m hoch und bis 2 m breit. Sie überwintert hell bei 5–8 Grad.*

Der Geldbaum **12** *gedeiht auch als Zimmerpflanze. Er überwintert hell bei 10–15 Grad.*

(Fortsetzung siehe nächste Seite)

Natur Buch

Achtung: Agaven unbedingt kindersicher aufstellen! Die harten Blattspitzen dürfen nicht in Augenhöhe sein. Sie können ernsthafte Verletzungen hervorrufen. Notfalls Korken aufstecken, auch wenn das Erscheinungsbild darunter leidet.

Die Wüste lebt! In dieser Hängematte schmeckt der Tequila bestimmt so gut wie in Mexiko. Die stacheligen und sukkulenten Gesellschafter suggerieren Hitze, Sonne, Trockenheit. Selbst eingefleischte Workaholics verfallen hier schnell der unwiderstehlichen Siesta-Stimmung. Übrigens nimmt diese Bepflanzung auch den Urlaub des Besitzers ganz gelassen hin.

Beispiel

Ein bißchen Flair vom Mittelmeer umgibt diesen Sitzplatz. Bougainvillea ❶, Oleander ❷ und Wandelröschen ❹ sorgen mit ihren üppigen Blüten für Farbe. Die Wedel der Kanarischen Dattelpalme ❻ federn besänftigend im Wind. Zitrone ❺ und Kumquat ❽ verführen zum Naschen an ihren delikaten Früchten. Ihr Aroma vermischt sich mit dem Duft von Lavendel ❼, Myrte ❾ und Lorbeer ❸ und hüllt den Platz in einen Hauch, der von »dolce vita«, Urlaub und sonnigem Süden träumen läßt.

Kurzbeschreibung der vorgestellten Arten:

Die Bougainvillea ist ein Kletterstrauch. Sie braucht ein Stützgerüst, wird aber auch im Kübel bis zu 3 m hoch. Es gibt zahlreiche Sorten in vielen Farben. Im Sommer reichlich gießen, im Winter hell bei 8 bis 10 Grad aufstellen.

Oleander (siehe auch S. 90/91), blüht bei uns nur in heißen Sommern gut. Bei 4 bis 8 Grad hell überwintern.

Lorbeer kann sonnig oder schattig stehen. Er verträgt sogar Fröste bis zu −10 Grad. Auf Dauer bei 0 bis 6 Grad überwintern.

Wandelröschen: Die Blüten wechseln im Laufe ihrer Entwicklung die Farbe. Hell bei 6 bis 10 Grad überwintern.

Zitrone: Trägt Blüten und Früchte gleichzeitig. Sie ist sehr frostempfindlich, deshalb früh ein- und erst im Mai ausräumen. Bei 4 bis 8 Grad hell überwintern.

Die Kanarische Dattelpalme ist sehr starkwüchsig und braucht viel Wasser. Sie kann von März bis November draußen bleiben. Die Wintermonate verbringt sie am besten hell bei 5 Grad.

Lavendel (siehe auch S. 86/87) kann bei uns auch im Freien überwintern. Kübel mit Winterschutz versehen (siehe S. 80/81) oder in einen hellen, frostfreien Raum bringen.

Die Kumquat ist eine Zitrusart. Ihre kleinen, orangen Früchte ißt man mit Schale. Hell bei 4 bis 8 Grad überwintern.

Die Myrthe (siehe S. 90/91) überwintert hell bei 5 bis 10 Grad.

Wüstenhaftes für die Terrasse

Agave ⑩: *Pflegeleichter geht's nicht! Sie lebt nur von den natürlichen Niederschlägen. Es gibt auch Buntblättrige. Hell bei 5 °C überwintern.*

Aus den Blüten der Opuntie ⑯ *werden schmackhafte Früchte. Diesen Kaktus nur mit Handschuhen anfassen. Überwintern bei 2–5 °C.*

Die Yuccapalme ⑮ *kennt man auch als Zimmerbaum. Sie verträgt leichte Fröste. Bei 5–10 °C überwintern.*

Adressen

Zum Weiterlesen

B. Hertle, P. Kiermeier, M. Nickig
Gartenblumen
Gräfe und Unzer, München

Zinkernagel Gisela
Schöne Ziergräser
Ulmer, Stuttgart

Heitz Halina
Balkon- und Kübelpflanzen
Gräfe und Unzer, München

Köchel Maria und Christoph
Kübelpflanzen –
Der Traum vom Süden
BLV, München

Bärtels Andreas
Gartengehölze
Ulmer, Stuttgart

Weber Angelika, Greiner Karin
Hecken pflanzen und pflegen
Gräfe und Unzer, München

Brookes John
John Brookes' Große Gartenschule
Christian, München

Versandgärtnereien

Piet Bakker
Kremerbergweg 1
22926 Ahrensburg

Gustav Schlüter
Bahnhofstr. 5
25335 Bokholt-Hanredder

Gärtner Pötschke
Beuthenerstr. 4
41561 Kaarst

Dehner GmbH
Postfach 1160
86640 Rain/Lech

Baumschulen

Großes Sortiment an Großbäumen:
Lorenz von Ehren
Postfach 900855, 21048 Hamburg

Weitere Informationen über
Baumschulen in Ihrer Nähe:

Deutschland
BdB, Bund deutscher Baumschulen
Bismarckstr. 49
25421 Pinneberg

Österreich
Bundesfachsektion Baumschule
Draschestr. 13-19
A-1232 Wien-Inzersdorf

Schweiz
Verband Schweizerischer
Baumschulen, Zürcherstr. 17
CH-5200 Windisch

Blumenzwiebeln

Albrecht Hoch
Potsdamer Str. 40
143163 Berlin

Walter Schmid
Straubenmühle
73460 Hüttlingen

Kurt Kernstein
Am Kirchenfeld 8
86316 Friedberg

Stauden

Adressen von Staudengärtnereien
in Ihrer Nähe erfahren Sie bei:

Deutschland
BDS, Bund deutscher
Staudengärtner
Gießener Str. 47
35305 Grünberg

Österreich
Bindesverband der Erwerbsgärtner
Österreichs für Stauden und
Alpenpflanzen
Draschestr. 13-19
A-1232 Wien

Schweiz
Verband Schweizerischer
Baumschulen
Zürcherstr. 17
CH-5200 Windisch

Duftpflanzen

Kräuterzauber
Daniel Rühlemann
Auf dem Berg
27367 Horstedt

Duftpelargonien

Gartenbau
Dieter Stegmeier
Unteres Dorf 7
73457 Essingen

Kübelpflanzen

Flora Mediterranea
Königsgütler 5
84072 Au/Hallertau

Bodenuntersuchungen

Die Adressen der staatlichen
Institute in den einzelnen
Bundesländern erfahren Sie bei:

Geschäftsstelle des Verbandes
staatlicher Bodenuntersuchungs-
anstalten (VDLUFA)
Bismarckstr. 41a
64293 Darmstadt

Register

Agave 92 f.
Ahorn (Acer spec.) 84
Apfelbaum 16, 25, 87
Aster 84
Astilbe 72
Aukube (Aucuba) 89

Babygladiole (Gladiolus) 63
Balkan-Anemone 64
Balldahlie (Dahlia) 67
Bambus 17, 19, 45
Banane (Musa spec.) 89
Bartblume (Caryopteris incana) 86
Bartnelke (Dianthus barbatus) 70
Bastardzypresse 44
Bauerngarten 16, 42, 50, 57
Bauernjasmin (Philadelphus) 41, 47
Becherfarn 75
Bechermalve (Lavatera trimestris) 56 ff.
Berberitze (Berberitze thunbergii) 43 f., 84 f.
Bergahorn (Acer montanum) 24
Bergaster 73
Bergilex 85
Bienne (Zweijährige) 71
Birnbaum 87
Blattschmuckstauden 17, 74
Blauregen (Wisteria sinensis) 34, 38
Blausternchen (Scilla bifolia) 65
Blauzeder, hängende (Cedrus) 27
Blumenhartriegel (Cornus florida) 25
Blumenrohr, Indisches (Canna indica) 67
Blütenhecke 42, 46
Blutjohannisbeere (Ribes sanguineum) 44, 46
Bodendecker 55
Bodenproben 10
Borretsch (Borago officinalis) 16, 54, 56
Bougainvillea 93
Brautmyrte (Myrtus communis) 90, 93
Brombeere (Rubus) 44
Brunnen 19
Buche (Fagus) 25
Buchsbaum (Buxus sempervirens) 6, 17, 44, 85
Buchweizen (Fagopyrum esculentum) 11
Buschwindröschen (Anemone nemorosa) 62

Chinaschilf (Miscanthus sinensis) 45, 75, 84
Clematis 30, 32, 35, 38
Cotoneaster 84 f.

Dahlie (Dahlia spec.) 62, 66 f.
Dahlie, Anemonenblütige (Dahlia) 67

Dahlie, Päonienblütige (Dahlia) 67
Dattelpalme, Kanarische (Phoenix canariensis) 93
Dauerbepflanzung 7
Drainage 61
Duftpelargonie (Pelargonium spec.) 86
Duftsteinrich (Lobularia maritima) 55, 59, 86
Duftwicke siehe: Wicke
Düngen 11, 51, 79

Eberesche (Sorbus) 25, 84
Echeverie (Echeveria) 93
Efeu (Hedera helix) 35, 38 f., 95
Eibe (Taxus) 6, 44
Eisenkraut (Verbena-Hybride) 55 f.
Engelstrompete (Datura) 88 f.
Erdarbeiten 7
Erika 84
Esche (Fraxinus) 24
Esparsette 11
Essigbaum (Rhus typhina) 25, 84
Exoten 81, 89 ff.

Fächerahorn (Acer palmatum) 27
Farn 19
Federborstengras (Pennisetum) 84
Feldahorn (Acer campestre) 44
Felsenbirne (Amelanchier laevis) 84
Fetthenne (Sedum spec.) 84
Feuerahorn (Acer japonicum) 25
Feuerbohne (Phaseolus occineus) 36 f.
Feuerdorn (Pyracantha coccinea) 41, 44, 84
Feuerlilie (Lilium bulbiferum) 63, 66
Feuersalbei (Salvia splendens) 56
Fichte (Picea) 44
Fingerhut (Digitalis) 70
Fingerstrauch (Potentilla) 22
Flammenblume (Phlox) 86
Fleißiges Lieschen (Impatiens) 56
Flieder (Syringa) 22, 41, 46
Formschnitthecke 31, 41 ff.
Forsythie 44, 46
Frauenmantel (Achemilla) 72
Frosttrocknis 81
Funkie 17, 75

Gänseblümchen, Blaues (Brachycome spec.) 57
Garten-Strohblume (Helichrysum bracteatum) 56
Gartennelke (Dianthus caryophyllus) 86
Gelbsenf (Sinapis) 11

Geldbaum 92
Gemüsebeet 13, 18
Gewürzrinde (Cassia corymbosa) 90
Gewürzstrauch (Calycanthus floridus) 86
Gladiole (Gladiolus) 61, 63, 67
Gleditschie (Gleditzia) 24
Glockenblume (Campanula) 85
Glockenblume, Pfirsichblättrige (Campanula persicifolia) 69, 72
Glockenrebe (Cobaea scandens) 36
Goldeibe (Taxus) 85
Goldkugelkaktus 92
Goldlack (Cheiranthus) 71, 86
Götterbaum (Ailanthus) 24
Großbaumverpflanzung 24
Großgehölze 7, 13
Gurke (Cucumis sativus) 87

Hainbuche (Carpinus) 31, 41, 45
Halskrausendahlie (Dahlia) 67
Hänge-Hemlockstanne (Tsuga canadiensis) 'Pendula' 26
Hängeblutbuche (Fagus sylvatica) 'Purpurea Pendula' 26
Hängeesche (Fraxinus excelsior) 'Pendula' 26
Hartriegel (Cornus) 84
Hecke 7, 18, 21, 29 f., 41 ff.
Heckenrose, Gemeine (Rosa canina) 47
Hemlockstanne (Tsuga) 44
Herbstkrokus (Crocus) 67
Hibiskus 90
Himbeere (Rubus) 44
Hopfen, Japanischer (Humulus scandens) 36
Hortensie (Hydrangea macrophylla) 22, 81
Hundsrose (Rosa canina) 42
Hyazinthe 63 f., 86

Igelfichte (Picea abies) 85
Igelkaktus 92
Ilex 44, 85
Immergrüne 44, 81, 84 f.
Indianernessel (Monarda-Hybride) 86
Inkarnatklee (Trifolium incarnatum) 11

Japanische Blütenkirsche (Prunus serulata) 27
Johanisbeere (Ribes) 16
Johanniskraut (Hypericum spec.) 47
Jungfer-im-Grünen (Nigella damascena) 50, 53 ff.

Kaiserkrone (Fritillaria imperialis) 61, 64 f.
Kakteen 79
Kaktusdahlie (Dahlia) 67

Kapuzinerkresse (Tropaeolum spec.) 33, 36 f., 50, 53, 56
Kassie (Cassia corymbosa) 90
Katsurabaum (Cercidiphyllum japonicum) 27
Kätzchenweide, hängende (Salix caprea) 'Pendula' 26
Katzenminze (Nepeta x faassenii) 16, 72
Kerrie (Kerria japonica) 47
Kerzenstrauch (Cassia didimobotrya) 90
Kirschlorbeer (Prunus laurocerasus) 44
Kissenfichte (Picea abies) 85
Kiwi (Actinidia chinensis) 38
Kletterhortensie (Hydrangea anomala) 39
Kletterpflanzen 33
Kletterrose (Rosa sp.) 38, 86 (Sorten)
Kletterwand 30
Kletterwand, mobile 47
Knollenbegonie (Begonia spec.) 67
Knöterich (Fallopia aubertii) 38
Kompost 10 f., 78, 81
Koniferen 84 f.
Königslilie (Lilium regale) 66
Korkenzieherweide (Salix) 24
Kornblume (Centaurea cyanus) 53
Kornelkirsche (Cornus mas) 41, 43
Kreuzkraut (Ligularia tangutica) 84
Krokus (Crocus) 61 f.
Kübel 69
Kübelgarten 77 ff.
Kübelpflanzen 76 ff.
Küchenkräuter 87
Kugelakazie (Robinia pseudoacacia) 'Umbraculifera' 26
Kugelesche (Fraxinus excelsior) 26
Kugeltrompetenbaum (Catalpa bignonioides) 26
Kumquat (Fortunella margarita) 93
Kupfer-Felsenbirne 27, 46
Kupferbirke 27

Lampenputzergras (Pennisetum alopecuroides) 84
Lauben 34 f.
Lavendel (Lavandula) 15, 86, 93
Lebensbaum (Thuja occidentalis) 17, 44, 85
Leberbalsam (Ageratum) 56
Levkoje (Matthiola) 54, 56, 86
Liguster (Ligustrum vulgare) 4, 42
Liguster, Goldblättriger (Ligustrum ovalifolium) 'Aureum' 44
Lilie (Lilia) 66 f., 72
Lorbeer (Laurus nobilis) 93
Löwenmäulchen (Antirrhinum majus) 56
Lupine (Lupinus) 11, 73

Mädchenauge (Coreopsis spec.) 73
Mädchenkiefer, Blaue (Pinus parviflora) 85
Madonnenlilie (Lilium candidum) 66
Magnolie (Magnolia spec.) 17, 88
Mahonie (Mahonia japonica) 44, 85
Mammutblatt 74 f.
Männertreu (Lobelia erinus) 56 f., 59
Margerite (Chrysanthemum spec.) 85
Märzenbecher (Leucojum vernum) 65
Mauern 13
Maurandie 36
Minze (Mentha spec.) 86
Mohn (Papaver spec.) 53
Montbretie (Crocosmia) 66
Moossteinbrech (Saxifraga hypnoides) 72
Moschusmalve (Abelmoschus moschatus) 73
Muttererde 11

Nachtviole (Hesperis matronalis) 72, 86
Narzisse (Narcissus) 64
Nestfichte (Picea abies) 85

Oleander (Nereum oleander) 90, 93
Olive (Olea europaea) 89
Ölrettich (Raphanus sativus) 11
Opuntie 93
Orangen-Schmuckkörbchen (Cosmos bipinnatus) 56
Osterglocke (Narcissus) 61

Palme 88
Pampasgras (Cortaderia selloana) 84
Pantoffelblume (Calceolaria) 56 f.
Pappel (Populus) 24
Parrotie (Parrotia persica) 27, 84
Passionsblume (Passiflora spec.) 89
Pergola 30
Perückenstrauch (Cotinus) 26, 84
Petunie (Petunia) 56, 79
Pfahlrohr (Arundo donax) 45
Pfeifenwinde (Aristolochia macrophylla) 33, 38
Pfingstrose (Paeonia spec.) 6, 69
pH-Wert 22
Pompondahlie (Dahlia) 67
Prunkwinde (Ipomoea, Pharbitis) 35 f.
Purpur-Sonnenhut (Rudbeckia) 73
Purpurmagnolie (Magnolia prpurea) 22

Raketenwacholder (Juniperus virginiana) 'Skyrocket' 27
Rankgitter 30, 34
Reifweide (Salix) 24

Reseda 53, 86
Rhododendron 79
Riesenlauch 66
Rindenmulch 15
Ringelblume (Calendula) 16, 53 ff.
Rose (Rosa spec.) 84, 86
 (Rosa) 'Blue Parfum' 86
 (Rosa) 'Buff Beauty' 86
 (Rosa) 'Coral Dawn' 86
 (Rosa) 'Duftrausch' 86
 (Rosa) 'Esmeralda' 86
 (Rosa) 'Frühlingsgold' 86
 (Rosa) 'Gloire de Dijon' 86
 (Rosa) 'Grace de Monaco' 86
 (Rosa) 'Isphahan' 86
 (Rosa) 'Lawinia' 86
 (Rosa) 'Madame Isaac Pereire' 86
 (Rosa) 'Papa Meilland' 86
 (Rosa) 'Träumerei' 86
 (Rosa) 'Westerland' 86
Rosenbogen 34
Rosmarin (Rosmarinus officinalis) 86
Rostbart-Ahorn (Acer) 27
Roßkastanie (Aesculus) 25
Roßkastanie, Rotblühende (Aesculus) 25
Rotbuche (Fagus sylvatica) 4
Rotstiel-Sonnenblume 73

Säckelblume (Ceanothus-Hybride) 47
Salbei (Salvia spec.) 56
Sanddorn (Hippophae rhamnoides) 41, 43, 84
Sandkasten 13
Säulen-Rotahorn (Acer rubrum) 'Armstrong' 27
Säuleneberesche (Sorbus aucuparia) 'Fastigiata' 27
Säuleneibe (Taxus baccata) 'Fastigiata Robusta' 27
Säulenespe (Populus tremula) 'Erecta' 27
Säulenkirsche (Prunus serrulata) 'Amanogawa' 27
Säulenlebensbaum (Thuja occidentalis) 'Columna' 27
Säulenzypresse, Blaue (Chamaecyparis lawsoniana) 'Columnaris' 27
Schachblume (Fritillaria meleagris) 65
Scharlach-Lobelie (Lobelia cardinalis) 56
Schattenglöckchen (Maianthemum bifolium) 85
Schaublatt (Rodgersia pinnata) 74
Scheinquitte, Niedrige (Choenomeles) 84
Scheinzypresse (Chamaecypares) 44
Schirmbambus 45
Schleierkraut (Gypsophilia spec.) 50
Schmetterlingsstrauch (Buddleja) 22, 47

Schmuckdahlie (Dahlia) 67
Schmuckkörbchen (Cosmos bipinnatus) 56, 59
Schmucklilie (Agapanthus) 89 f.
Schneeball (Viburnum spec.) 47
Schneeglöckchen (Galanthus) 63 f.
Schneestolz (Chionodoxa) 65
Schönranke 36
Schwarzäugige Susanne (Thunbergia alata) 36 f.
Schwiegermuttersessel 92
Seerose (Nymphaea spec.) 86
Seidelbast (Daphne) 22
Seradella 11
Sichtschutz 7, 29 ff., 81
Silberahorn (Acer) 24
Sitzplatz 7, 9 f.
Skimmie 85
Solitärgehölze 7
Sommeraster 56
Sommerflieder (Buddleja) 86
Sommermargerite (Chrysanthemum spec.) 73
Sommerspiere, Rote (Spiraea bumalda) 47
Sonnenblume (Helianthus annuus) 7, 16, 47, 50, 53, 55 f.
Sonnenhut (Rudbeckia) 56
Spielplatz 9
Spindelstrauch (Euonymus alatus) 84 f.
Spinnenblume 56, 58 f.
Spitzahorn (Acer palmatum) 24
Standortwahl 51
Staudenlein (Linum) 72
Steingarten 13
Steinklee (Melilotus officinalis) 11
Steppenkerze (Eremurus) 66
Sternmagnolie (Magnolia stellata) 22
Sternwinde 36
Stiefmütterchen (Viola-Wittrockiana-Hybride) 71
Stockrose (Alcea ficifolia) 16, 58 f.
Studentenblume (Tagetes-Patula-Hybride) 55 f.
Swimmingpool 13

Tafelblatt (Astilboides tabularis) 74 f.
Teich 7, 9 f., 13, 18
Thymian (Thymus vulgaris) 86
Tibouchina 90
Tigerlilie (Lilium lancifolium) 66
Tithonie 56
Tomate (Lycopersicon lycopersicum) 87
Traubenhyazinthe (Muscari armeniacum) 64
Trauerweide (Salix) 24
Treppen 9, 15
Trichterwinde (Ipomoea) 37

Tröge 47, 77 f.
Trompetenblume (Campsis) 39
Tulpe (Tulipa) 61 f., 64
Tulpe, Botanische 62
Tulpe, Kaufmanniana 62
Türkenbundlilie (Lilium martagon) 66

Urlaubsbewässerung 78 f

Vanilleblume (Heliotropium) 56, 59, 86
Vergißmeinnicht (Myosotis) 56, 70

Wacholder (Juniperus) 85
Waldgeißbart (Aruncus dioicus) 75
Waldmeister (Galium odoratum) 86
Wandelröschen (Lantana) 93
Washingtonie 92
Wassergarten 86
Wege 9, 13 f.
Weide (Salix) 24
Wein, Wilder (Parthenocissus quinquefolia) 33, 35, 38 f.
Weißbirke (Betula) 27
Weißdorn (Crataegus monogyna) 41, 44
Weißer Hartriegel (Cornus alba) 27
Wicke (Lathyrus odoratus) 34 ff., 86
Wildtulpe (Tulipa tarda) 64
Winterjasmin (Jasminum nudiflorum) 22
Winterraps (Brassica) 11
Winterwicke 11
Wucherblume (Chrysanthemum segetum) 56
Wühlmäuse 61, 65
Wurmfarn (Dryopteris) 74

Yuccapalme 92

Zaubernuß (Hamamelis x intermedia) 22
Zäune 13, 30, 34, 58
Zierbanane (Musa) 90
Zierkürbis (Cucurbita pepo) 36
Zierquitte (Chaenomeles) 44, 47
Zierspargel 79
Ziertabak (Niciotiana sanderae) 56, 58 f., 86
Zinnie (Zinnia) 56 f.
Zitrone (Citrus limone) 93
Zitronenmelisse (Melissa officinalis) 86
Zucchini (Cucurbita pepo) 87
Zuckerhutfichte (Picea glauca) 'Conica' 85
Zwergkiefer (Pinus) 84 f.
Zwerglebensbaum (Thuja) 75
Zwergweide (Salix) 24
Zwergwacholder, Blauer (Juniperus) 85
Zylinderputzer (Callistemon citrinus) 90